JN128401

# 陪審制度論

Betrachtungen über
das Geschwornen=Gericht

著者 パウル・ヨハン・アンゼルム・フォイエルバッハ
訳者 福井 厚

日本評論社

Betrachtungen über das Geschwornen=Gericht
(Landshut, 1813)
by Paul Johann Anselm Feuerbach
translation by Atsushi Fukui
Nippon Hyoron Sha, 2019
ISBN 978-4-535-52409-5

# 陪審制度論〔目次〕

# 凡例

1　本書は、Paul Johann Anselm Feuerbach, Betrachtungen über das Geschwornen=Gericht, Landshut 1813（『陪審裁判所に関する諸考察』。以下、「原著」と略記する）の全訳（以下、「本訳書」と略記する）である。

2　底本として使用したのは、法政大学市ヶ谷図書館の所蔵本（Originalausgabe）である。ただし、これについては若干の問題がある。同図書館の所蔵本は、緒言（Ⅲ～Ⅵ〔四頁〕）、目次（一頁）、本文（二四二頁）、それに誤植一覧（一頁）に、さらに末尾に文献目録（Ⅰ～ⅩⅡ〔全一二頁〕）が付せられている。しかし、一九七〇年に東独時代の Leipzig で原著の復刻版が刊行されているが、それには（末尾の一二頁にわたる）右文献目録全一二頁が全て欠落している（岡山大学中央図書館所蔵の同復刻版による）。おそらく同復刻版のもととなった原著の末尾にも同様の文献目録が一二頁にわたって付せられていたと思われるが、復刻の際になんらかの事情でその部分のみが割愛されたものと思われる。ちなみに、その後の復刻版ではその文献目録も併せて復刻されている。

3　原注および末尾の文献目録は全て割愛した。本文の翻訳にあたっては、上記誤植一覧を考慮している。

4　原文のまま示している場合の原語（欧文）は、（　）で示してある。

5　読者の理解の便宜のために各章ごとに訳注を付してある。その際、後出「引用文献一覧（ゴシックは引用略称）」中の **Cornelissen** および **Schwinge** を参照している。

# 引用文献一覧（ゴシックは引用略称）

## Ⅰ　文　書

Sessions **Protocoll** der vereinigten Sectionen der Justiz und der Innern（Beratungen der Geheimratssektionen über das Strafgesetzbuch〔Strafprozeß〕unter Mitwirkung Gönners betreffend, vgl. Gustav Radbruch, Paul Johann Anselm Feuerbach Ein Juristenleben, 3.Auflage,herausgegeben von Erik Wolf,Göttingen 1969. S.213）.

一九世紀初頭のバイエルンの刑事立法に関する資料は、第二次大戦における一九四五年一月七日から八日にかけてのミュンヘン空襲によりほとんど灰燼に帰した中で、バイエルン中央文書保管室（Bayerischestaatsarchiv Haupt）の枢密院の在庫には、若干の、刑事立法に関する書類と議事録が発見された（ゲルノート・シューベルト、山中敬一訳『1824年バイエルン王国刑法典　フォイエルバッハ草案』〔関西大学出版部、一九八〇年〕「文献」一頁参照）。それらのうち、訳注執筆に際して参照したのが、本「**Protocoll**」（または「**審議録**」ともいう）である。この資料の入手については、浅田和茂氏（現立命館大学特任教授）に御尽力頂いた。この機会に厚く御礼申し上げる次第である。

バイエルン刑法典（第二部　刑事訴訟法の部）の審議は、ゲンナー（Gönners）の参加の下で一八一一年五月二六日から一八一二年六月一四日まで合計四八回（四九回ともいわれる）開催された（以下、この会議を「**合同会議**」という）が、その審議録は一八一一年末までのものしか残されていないようである。

なお、本「**Protocoll**」には右頁にのみ頁番号が記載され、左頁にはその記載がない。本訳書で引用する場合は、右頁につき「**Protocoll vom 26.Mai 1811,S.78R**」（一八一一年五月二六日の合同会議の審議録の七八頁の右頁）、左頁につき「(S.79L)」の如く引用する。

## Ⅱ　鑑定意見

Landsberg,Ernst, Die Gutachten der Rheinischen Immediat-Justiz -Kommission und der Kampf um die rheinische Rechts-und Gerichtsverfassung 1814-1819, Bonn 1914（Publikationen der Gesellschaft für Rheinische Geschichtskunde:31）.

フランス革命の過程で一七八九年以来フランス法が施行されていたラインラント地方では、陪審制も実施されていた。ところが、ナポレオン失脚後、一八一五年のウイーン会議の決定に基づき、プロイセン王国はラインラントとヴェストファーレンを領有することとなった。プロイセン当局は、当然のことながら、ラインラント地方でもフランス法に代えてプロイセン法を実施しようとした。ところが、ライン地方の市民階級にとっては、フランスの手続は（したがって陪審制も）、自由主義の獲得物として、それ自体貴重なもの、神聖なものであった。このような情勢において、一八一六年六月二〇日の勅令は、改革に先立って、ライン地方の法とプロイセン法との比較を行うべきことを決定し、このために直属司法委員会の設置が命じられた。この委員会が、司法機関および住民の各階層からの意見を聴取して纏めたのがライン直属司法委員会の意見書である（以下、「鑑定意見」という〔Schwinge,S.19ff. 藤尾訳・（一）一七二頁上段以下〕）。

ただし、陪審裁判所に関する鑑定意見（vom 19.Mai 1818）は、Landsberg の編集の際、三分の二に圧縮されている（vgl. Koch,S.170,Fn.11）。訳注では、圧縮された部分を適宜 Schwinge を参照して補っている。

## Ⅲ　Feuerbach 自身の著作

Feuerbach, Themis oder Beiträge zur Gesetzgebung,Landshut 1812.

Feuerbach,Erklärung über meine angeblich geänderte Überzeugung in Ansehung der Geschwornengerichte, der Neue Rheinische Merkur,Jena 1819 August,in: Feuerbach, Kleine Schriften vermischten Inhalts,Nürnberg 1833.

Feuerbach, Betrachtungen über die Öffentlichkeit und Mündlichkeit der Gerechtigkeitspflege,Bd.1,Von der Öffentlichkeit der Gerichte Von der Mündlichkeit der Rechtsverwaltung,Gießen 1821.

Feuerbach, Betrachtungen über die Öffentlichkeit und Mündlichkeit der Gerechtigkeitspflege,Bd.2,Über die Gerichtsverfassung und das gerichtliche Verfahren Frankreichs,in besonderer Beziehung auf die Öffentlichkeit und Mündlichkeit der Gerechtigkeitspflege,Gießen 1825.

Feuerbach, Kleine Schriften vermischten Inhalts,Nürnberg 1833.

Feuerbach, Ludwig,Anselm Ritter v.Feuerbachs Leben und Wirken,aus seinen ungedruckten Briefen veröffentlicht von Ludwig Feuerbach; 2.Auflage unter dem Titel:A.v.Feuerbachs Biographischer Nachlaß,Leipzig 1853 (;Neudruck der 2.Ausgabe Leipzig 1853,2 Bände in einem Band,Scientia Verlag Aalen,1973).

## Ⅳ　フォイエルバッハ以外の著作（欧文）

Cornelissen, Josef ,Tätigkeit und Theorien Feuerbachs im Strafprozeßrecht,Dissertation,Bonn 1963,SS.196.

Haber, Günter,Probleme der Strafprozeßgeschichte im Vormärz Ein Beitrag zum Rechtsdenken des aufsteigenden

Bürgertum,ZStW.Bd.91 (1979), (in:Zeitschrift für die gesamte Strafrechtswissenschaft,Bd.91,1979).
Koch, Arnd, Carl Joseph Anton Mittermaier und das Schwurgericht,ZNR,22.Jg.2000 (in:Zeitschrift für Rechtsgeschichte, 22. Jahrgang 2000 Nr.2.,S.167ff.).
Radbruch, Gustav, Paul Johann Anselm von Feuerbach.Ein Juristenleben,1.Aufl.,Wien 1934; 2. Aufl., herausgegeben von Erik Wolf, Göttingen 1957; 3.Aufl., herausgegeben von Erik Wolf, Göttingen 1969.
Schmidt, Eberhard, Einführungin in die Geschichte der deutsch Strafrechtspflege, Göttingen 1947;2.Aufl.,1952,;3. Aufl.,1965.
Schwinge, Erich,Der Kampf um die Schwurgerichte bis zur Frankfurter Nationalversammlung,Breslau 1926,SS.158.
Thierfelder, Rudorf, Anselm von Feuerbach und die bayrische Strafprozeßgesetzgebung von 1813,ZStW.Bd.53,1934 (in:Zeitschrift für die gesamte Strafrechtswissenschaft, Bd.53,1934,S.403ff.).

## V　フォイエルバッハ以外の著作（邦文）

菊池栄一＝宮沢浩一訳『一法律家の生涯』（東京大学出版会、一九六三年）。これは、Radbruch の第二版の全訳である。

中村義孝＝久岡康成共訳「フォイエルバッハ『バイエルン刑事訴訟法』（一）、（二）、（三・完）」立命館法学一一四号（一九七四年）、一一五号（一九七四年）、一二五号・一二六号（一九七六年）。

シュヴィンゲ、藤尾彰訳「陪審裁判所をめぐるたたかい―フランクフルト国民議会にいたるまで―（一）～（八・完）」法政理論二五巻四号（一九九三年）～二九巻二号（一九九六年）。これは Schwinge の全訳である。

# 陪審制度論

# 緒　言

すでに数年前に、国内での職務と対外的な誘因とが私をして陪審裁判所いわゆる陪審制の研究へと導いた。ここから生じたのが、この大きな価値ある対象を私の力量に応じて歴史的・政治的・刑事法的な点に関して完全に包括すべきある著作の完成の計画だった。すでに多くが読まれ、集められ、考えられていたし、そのような思いつきの最初の輝きの中のいくつかが起草され、加工されていた。その時、私の公職上の緊急の任務が全ての力および私の時間の最小の部分までも要求した。それ以来、その原稿は無視され忘れられ、私にとって価値ある非常に多くのほかの仕事の下で眠っていたのである。開始されたことを完成するという全ての希望は消滅したままだった。二、三か月前になって初めて、私の原稿は偶然再び私の眼前へと持ち出された。私はあちこち頁をめくり、読み、そして気づいたのは、私の前に存在する断片が相互にかなり整理され、たとえほとんど包括的でないとしても、一つの全体へと結び付けられうるということであった。その際、あたかも時代の要請であるかのごとく私が思いついたことは、ドイツにおいてすでにときどき触れられてきたが、しかし私には十分知られていることだが、なおどこにおいても決してしかるべき見地からは考察されてこなかったか、またはそれに相応しい注意深さをもって考察されてこなかったこの非常に種々の関係で明らかに重要なテーマを、ドイツの学者のやり方で詳しく話題にするということであった。私にとって好ましく思われれば思われるほど、それだけ一層、希望されえないかまたは期待されえなかった時代の好機、すなわち幸福の女神が前述の偶然およびこの諸考察と同時に遭遇したのだ。直ちにその著作に着手した。なお生のままで私の前に横たわっていたものが加工され、すでに加工されていたものは推敲され、秩序付けられ、他のものと融合され、そしてあの大きな未完の著作の諸断片は、陪審裁判所に関する諸考察として今や公衆の前に現れる。それはどのような誇らしい要求をも出さず、ただ希望することは、述べられたことが熟慮され、そして根本的な賛同または反論がそれに与えられるということである。この著作の以上の経過はその欠点を正当化しないであろうが、しかし免責はするであろう。

なお、ある一つの文法的な小さなことが触れられるべきである！――私にとって久しく疑問だったことは、die Jury というのが正しいのか、むしろ das Jury なのか、ということであった。私は前者に決定した。というのも、一部は他の類似の言葉との類推のゆえに、他の一部は重要な学者の尊敬を得ているかつて有力な用法のゆえに。

一八一二年八月一〇日　ミュンヘンにて

著　者

# 第一章　陪審裁判所の概念および本質について

陪審裁判所の概念は、政治的観点に従って定義され、かつ展開されうるものにほかならない。なぜなら、国家の英知という理念のみが、そこからあらゆる民族について陪審裁判所という制度が展開され、それによって陪審裁判所という制度が確立され、かつそれに従って陪審裁判所という制度が形成されてきているものだからである。経験の対象を根本的に判断しようとする者は、必ずしもその対象を初めて発明しようとする者である必要はなく、むしろ、その対象を自ら経験する如く考察しなければならない。そして、ある人間的な制度に関して敢えて判断を下す者が、なによりも先ず自問しなければならないことは、その者たちの思想および意思の作品としてその制度がそれと密接に結ばれている者たちによって、いかに考察され把握されるかということなのである。

陪審制の本質は、以下に述べるような諸理念だけから認識されうるものである。

あらゆる権力のうちで国家の刑罰権（以下、単に「刑罰権」という）は、最も恐ろしいものであると同時に、それが最高の権力者のみの専制に委ねられている場合には最も危険なものでもある、と一般にいわれている（私はここでは、私自身の確信をそのまま根拠づけ展開するのではなく、陪審制を自ら採用してきた民族、それを導入・改良してきた立法者、陪審裁判所という制度を正当化してきた政治家——彼らは陪審裁判所の妥当性またはその政治的必要性に賛成してきた——の観念を主として述べるものである）。刑罰権は、正義に則って取り扱われる場合には一般的な法律上の自由の道具であるが、恣意によって操作されると一般的な無法な抑圧の手段となる。自由と生命に対して専制的な権力をもつ者は、同時に他のあらゆるものに対して専制的な権力をもつことになる。彼はあらゆることを要求できる。というのも、誰も彼に対してはおよそ何かを拒絶するということはできないからである。彼はまたあらゆることを欲することができる。というのも彼は、自己を制限する全ての意思を、破壊し無効にしつつ制圧することができるからである。生命と自由に対する専制は、まさに人格に対する所有の別の表現にほかならない。

国家における権力者が、刑法を本人自ら行使しようが、彼が任命した裁判官によって行使しようが、いずれにしても一般的な自由にとっての危険は同じように大きい。なぜなら、このような裁判官は、権力者に従属したその官吏として権力者自身の意思の道具にすぎないからである。

それにもかかわらず、刑法は国家における執行権から分離されえない。刑法をもたない執行権は無力な意思であり、単なる幻の権力にすぎないであろう。なぜなら、それは欲することのみは可能であろうが、実行することはできないであろうし、また、刑法で武装された他の権力がそれと並立する所では、たちまち従属の状態へと落ち込むであろうからである。

かくして、権力者は処罰しうるべきであり、しかも不正に処罰しないために専制的に処罰してはならないとすれば、その刑法の行使を権力者の意思から独立した前提条件に結びつける以外の解決方法は存在しない。では、それはどこに存在しうるであろうか。

刑事立法のあらゆる体系、個々の刑罰法規の各々は、一方では刑罰をその効果として伴うべき事実の規定と、他方では刑罰自体の規定へというように、必然的に二つの主要構成部分へと分解される。前者は前提要件であり、後者はその効果である。二つの構成部分は互いに、制約するものと制約されるもの、原因とその結果、ある命題の前提とその帰結、の如き関係にある。したがって、ある刑罰法規の適用も、常に二つの主要問題へと分解されるが、その一方は、それが法律上の前提要件のみに関する限り事実問題であり、他方は、それが決定された事実とその法律効果との結合を対象とする限り、純粋に法律問題なのである。前者は「この者は有罪か?」という問題であり、後者は「この罪ある者は如何に処罰されるべきか?」という問題である。後者の問題は前者なしには無意味である。前者の問題が肯定的に解答されなければ、後者の問題は決して提起されえない。かくして、あの制限的な前提条件が見い出されることになるだろう。起訴されている者が有罪か否かという問題は、正式の裁判官の職権の活動範囲から切り離され、国家における権力者の恣意ができる限り手の届かないそれとは異なる官庁に委ねられるのである。なるほど、権力者は犯罪人を起訴し、判決を下し、刑を宣告し、かつそれを執行する権限をもつべきである。しかし権力者は、もし彼に正義の力を不法の実行のために濫用することが不可能ならしめられるべきであるとすれば、有罪かどうかという問題を、肯定的であれ否定的であれ有効に解答しえてはならないのである。

それでは、この事実問題に関して独占的に判断しなければならない、裁判官職とは異なるこの官庁とはどのようなものであるべきなのか。

それは単なる個人ではありえない。というのも、個人ならば暴力と策略のあらゆる手段の犠牲になりうるであろうからである。それは、また、多数の者の常設の会議でもありえない。というのも、それは、その常設性によって官吏となろうし、遅かれ早かれより強い意思に奉仕するにすぎない者へと堕落するであろうからである。国民全体のみが買収されず無敵であり、権力と時の勢力から切り離されており、その点で公平かつ公正なのである。しかし、国民全体は裁判所に座ることはできない。したがって、個々の場合に一人によっても全ての者によっても、全体によっても恒常的な官吏によっても裁かれるべきではないのであるから、次のような方策しか残されていない。それは、国民が提起された事実問題に関して複数の選出された者によって決定するのだが、その選出された者は、ただ再び消え去り、かつ類似の事件において他の者によって取って代わられるためにそこに来るだけであり、その権力は、個々の惹起された事件に制限されているかまたは短く定められた期間に制限されている、という方策である。かくして、国民が事実問題に関しての本来の裁判官なのであるが、しかし、国民の全員がそうであるわけでもないのである。つまり、事実判断は常に諸個人からのみ生じるのであるが、このような諸個人としての諸個人からではなく、全体の部分としての諸個人から生じるのであり、その諸個人は、当の全体から当座のために登場し、そして成し遂げられた仕事の後に再びその全体へと消えてしまうのである。このような方法で、(その理念が目的に合致しない実施によって破壊されなければ)事実判断の独立性および自由は、国民全体による場合と全く同様に確保される。有罪であることを宣告しなければならない者は誰も前もって決定されていないのであるから、権力が自己の目的を準備するために頼りうるような者は誰もいない。複数の者が共同で判断するのであるから、権力が一人について成功することも、全員については成功しえないのである。――いかなる法的な臣民も、罪ある者が有罪とされることに利益をもつ。なぜなら、公的な害は、結局のところ不可避的に個々の者にはね返るのであり、今日自分の隣人に生じることは、明日はわが身に生ずるかもしれないからである。

わたしがこの汚れを払うおうとするのも、われとわが身のためなのだ。
かの人を殺したのが誰にせよ、その犯人は同じ殺害の手を、このわたしの上にも加えようとのぞむは必定。
さればかの亡き人に尽くすことは、とりもなおさずわが身のためを、はかる途なのだ。(1)

しかし市民においては、無実の者が有罪とはされず、刑罰権が不正な恣意のために濫用されないということも、同じ重要性のある利益である(2)。なぜなら、支配者の剣は独裁的に使用されると、殺人者の短剣よりも危険であるからである。後者は個人を殺しうるにすぎないが、前者は生命一般に及ぶものなのである。このような相互に対立して釣り合っている利益が、起訴について判断するために召集される平和的な臣民の判決を公平に平衡させるのである。というのも、そのバランスは犯罪者の有利にも権力者の専制の有利にも傾かないことによって、公正な宣告を通じて明らかにされるものにほかならないからである。

かくしてこの課題は、執行権は起訴された行為についてその公平な同輩によって前もって有罪だと言い渡されている臣民以外に関しては、自由や生命に対する刑罰を科しうるべきではないという原理が、国家の憲法の中に宣言されるということによって解決されるであろう。

どのような陪審制もその本来の根本理念は、以上のような原則に基づいている。陪審制が存在するところでは、いかなる臣民も自分が被告人として法廷に登場するより以前には、誰かある特定の人のことを「その者が自分の自由と生命を支配する者である」といえるべきではない。そのような国家においては、正義の剣を振るう権力は存在してはいるが、群集の背後に隠れていて目に見えないのである。「このようにすれば、人々の間でひどく恐れられる裁判権力が、ある身分にも職業にも結びつけられないので、いわば眼に見えずに無となる。人は裁判役をいつも眼の前にすることなく、裁判役職を恐れて、裁判役を恐れない。」(3)

ところで、以上のように展開されてきた陪審制は終局判決をその判断の対象としている。しかし自由の精神は、この判決陪審（jury de jugement、イギリスの専門用語では小陪審）以外に、恣意的な処罰に対抗するだけでなく恣意的な起訴をも不可能ならしめようとする他のものをも発明した。理由なくして起訴されることは、なるほど無辜の者として刑罰を科せられることよりは小さな害悪であるが、しかしそれ自体大きな害悪である。被告人は、少なくとも一時的にその自由を失い、世間の恥辱に委ねられ、苛酷な糺問の辛苦に委ねられ、有罪判決の危険にさらされるのである。したがって、市民は恣意的な起訴に委ねられると、究極的には自己の保護を判決陪審の中に見い出すとしても、恣意的に不安にさせられ、心配させられ、辱められるかもしれないのである。これは、起訴自体の許容性を決定し、一定の人物を刑事公判に委ねるための十分な理由が存在していると判断する別の陪審による以外の方法で、防止されうるであろうか。そのような陪審裁判所は、イングランドでは大陪審といわれ、フランスではそれが存在している間は起訴陪審（jury d'accusation）といわれた[4]。私は以下では主として判決陪審について語るであろうが、それに妥当することは、その主題の前提が変わらない限りそのまま起訴陪審に適用されうる。

私が以上の説明の中で、国民を執行権の保持者に対置し、陪審を国民の委員会、陪審の判断を国民の判断と見做したとき、私は歴史の暗示と、陪審がそこに存在しているか存在していた諸民族の観念とに依拠したのである。イングランド法の概念によれば、大陪審がその者に対する起訴を許容されると宣告された被告人は、あたかも彼が祖国によって（per patriam）訴追されたかの如く見做される。被告人が起訴に基づいて判決のために小陪審の前に置かれる場合、彼は、否認して無実だと陳述すると、「如何に裁かれたいのか?」と伝統的な形式で尋問される。被告人は、「神とわが祖国によって（per pais）」と答え、そしてこのような形式で陪審員の判決に委ねられるのである。――選出された裁判官（judices selectos）によるローマの刑事裁判所は、政務官（Magistrat）の議長の下での陪審裁判所にほかならなかった。というのも、それは民会の裁判所に直接由来していたものだからである。まさに全国民は、その集会に基づいてのみ裁いたのである。次いで全国民は、例外的にその権力を特別の刑事委員会（quaestiones extraordinariae）に委ね、結局、当初例外であったものが原則となり、通常の刑事委員会（quaestiones perpetuae）[5]が、若干の例外はあるが、民会の裁判所を押しのけたのである。――アテナイの裁判所は、その形態において我々の陪審裁判所とは異なっているが、その精神および本質において陪審裁判所と同じものであった[6]。しかもこのアテナイの陪審制の精神および本質は、大民会（grosse Volksversammlung）の特別な代表ないしより正確には民会の特別な部にほかならなかった。なぜなら、民会で投票権のある者は皆、毎年、種々の法廷に分けられ、そして、そこで裁く人数の多寡は、その対象の要請するところ次第だったからである。――古代ゲルマンの参審裁判所も少なくともその起源においては真の陪審裁判所であり、しかも、最近の陪審裁判所よりも包括的な権限さえ備えていた。というのも、前者は事実問題を決定しただけではなく完全な判決を創造したからである。このゲルマンの陪審裁判所に関してはなお大きな謎が流布されているとしても、民会[7]において犯罪を裁くというゲルマン民族の古い習俗、そして次いで一六世紀に至るまであちこちで維持された、判決を周りの民衆に試問しまたは彼らの喝采によって確認せしめるというその後の風習は、その真の起源と――たとえ未発達であれ実際にはその風習の基礎にあった――観念とを明らかに示唆している。

陪審裁判所の一般的な理念にはなお種々の個別的な規定が結び付く。その規定の一部はその理念から必然的に出てくるものであり、一部はそのより大きな完全性にとってのみ必要なものであるとしても、その制度の考察の際に決して看過されてはならない。

陪審裁判所は一般的に考察された場合、官吏としてではなく私人として被告人を裁き、そして、市民という単なる資格は被告人と共にその者にとっても共通であるがゆえに被告人の同輩、被告人と同じ身分の者と称しうるような、被告人の仲間のみを必要とする。しかし同輩性というこの概念は、国家体制の性質に応じてさらに一段と厳密に限界づけられることになる。ある国家において、全ての者に共通である市民という身分が、法的なまたは政治的な相違によって区別され、かつ同時に独自の身分の利益によって互いに対立させられている特殊な市民の身分へと再び分裂させられると、市民は市民というものの中だけでは自己と平等のものを見い出さない。市民にとっては、その特殊な身分をも自己と同じくしない全ての者は、誰であれ自己とは無縁なのである。たとえば、憲法が独自の身分の権利を伴う特権的な貴族という階級を認めると、市民と市民との間には隔壁が設けられ、それは極く僅かの点においてのみ提携や接近を許すにすぎない。市民が欲するのは権利であるが、貴族が欲するのは特権である。市民が欲するのは平等であるが、貴族が欲するのは優先である。市民が欲するのは自由であるが、貴族が欲するのは抑圧である。対立する利益が党派の基礎となるが、党派は決して公正ではない。ある身分に属する者が他の身分の者を裁きうるとすれば、正義の権力が、侮辱された身分の利益に復讐しようと特殊な身分の利益を追求するために使用されうるだろう。たとえばローマにおいては貴族のみが陪審員に選出されたが、騎士と平民は貴族の裁判所の党派性に大声を上げたのである。グラックス兄弟（Gracchus）による革命の後、貴族が騎士によって裁判所の席から排除された時、騎士は同様の党派性で被った不法の仕返しを貴族にしたのであった。かくして、ある国において特殊な諸身分が存在している場合には（陪審員の理念の中に適切にも存在しているものが、その理念の貫徹の際に失われるべきではないとすれば）、市民性にのみ基づく一般的な同輩性は、特殊な身分の性質により規定された同身分性へとさらに分解されなければならない。「裁判役は被告人と同じ身分の者つまり、同格者であることとさえ必要である。それは、被告人が自分に暴力を加えそうな人々の手に委ねられていると心中で思うことがありえないようにするためである。(8)」陪審裁判所を構成する際に身分の相違と身分の平等性がどの程度貫徹されるべきかということは、各々の国に特有の体制に応じて、すなわち、個々の市民の身分が帯びている性格、つまり、個々の市民の身分が外見的に偶然的にのみ区別されているのか、あるいは特権および相対立する利益によって内的に本質的にも互いに著しく区別されているのか、ということによって評定されうる。イングランドにおいては二重の陪審のみが妥当する。すなわち、その一は富者の同輩のために適用されるもので、それは上院においてそれと同じ身分を見い出す。他の一は、残りのあらゆる臣民のためのもので、市民的陪審が区別なしに包含するのは、普通の市民と並んで富者の身分に属していない全ての貴族も、この身分の兄弟と子弟、そしてLordと称されるにすぎない全ての者など残りのあらゆる臣民である。このような混合の理由は以下のようなものである。すなわち、イングランドにおいては貴族は称号によって特徴づけられるだけで、他のあらゆる市民と共に等しい権利と法律を共通にもつのであり、そこでは権利と特権とのいかなる抗争も公民の利益を敵対的に互いに対立させたりはせず、そして、そこではどのような特権階級もはるか昔の先祖のしばしばあいまいな功績で、無たるべきかつ全員に適用されるべき大きな特権を購うことはない、という理由である。そこでは上院への招聘のみが、貴族を国民の上に高め、貴族を憲法の特別な不可欠の部分として、国王と国民の間の媒介項として国民の前に座らせ、そのことによって市民が富者の同輩によって裁かれることをまさに政治的に無為たらしめて富者の同輩が市民の陪審によって裁かれることになるのである。類似の起源はフランスにおいて同様の帰結を生み出した。しかし、全ての司法上の事務における同身分性という理念は、ほかならぬ古代ゲルマンにおいてその極限にまで進行した。すなわち、領主を裁くのは領主であり、貴族を裁くのは貴族であり、市民を裁くのは市民であり、農民を裁くのは農民であった。それにもかかわらず、この同身分性は、裁く者と裁かれる者との間の身分の無条件の平等性という原則ではなく、身分のより高い者は身分のより低い者によって裁かれてはならない、という観念に基づいていたにすぎなかった。というのも、身分のより高い者は身分のより低い者を裁くことはできたからである。

国民から陪審員を選出することは、ほかならぬ官吏によってのみ行われうる。たとえば、イングランドではカウンティーのシェリフが、フランスでは最新の制度によれば当該部門の局長が、陪審員の名簿を調製した。しかしこの選出権によって、それがそのまま判決を決めることになれば、陪審裁判所によって獲得されるべきことが容易に再び失われうるであろう。というのも、今度は買収によってまたは固有の性癖から、全ての不正な恣意に前もって調法にも順応した陪審員が選出され、被告人に割り当てられうるであろうからである。全ての法的臣民があらゆる犯罪に対する公平性の推定を自ずからもっていても、あらゆる犯罪に対する公平さは、各々の犯人とされる者に対する公平な心情と同一ではない。被告人が、自分の最も大事なものを裁く他人を安じて信頼できるかどうかということは、被告人自身が最もよく判断できる。なぜなら、彼の状態は彼自身にとってのみ最も正確に知られているからである。被告人が、自分はあれこれの者から公平な判決を期待しえないという申立てだけで、それは、陪審制が問題となっているのであるから、無条件にかつ特殊な忌避事由が挙げられなくても信用されなければならない。というのも、被告人の、自分はあれこれの者の中に自己の敵を認める、少なくとも不偏不党に公正な人間を決して認めない、という説明だけですでに、忌避された者を当事者たらしめ、少なくとも、利己というあの病気が忌避された者の判断の公平さを妨げるかもしれない、という危険を根拠づけるからである。法律上定められた証拠に従って客観的な根拠から判断する裁判官については、この注意深さは無用の心配であろう。なぜなら、ここでは、その裁判官の判断は法律によってすでに無条件に拘束されており、その違反は実体的な理由に基づいて裁判官に対して証明されうるからである。陪審制についてはこれとは全く異なっている。なぜなら、陪審制は、すぐ後に示される如く、その固有の主観的な確信にのみ委ねられねばならず、したがって、そこでは判断する者自身には意識されずに、最小の優位でも、行われた不法が法的に証明されうることなしに被告人に一撃を与えうるからである。——国家または国家の地位を代理する原告については、忌避権の全く同じ根拠は妥当しないが類似のことは妥当する。したがって、イングランドの法律によれば、名簿に記載された陪審員の一部を忌避する権利は、被告人にも原告にも与えられるが、しかし、前者は通例二〇人、そして大逆罪の訴追については三五人を理由なしに忌避できるが、国王については特定の原因を挙げることなしに忌避することはただの一人も許容されえないのである。ローマの陪審裁判所では、忌避権の問題においては原告の権限は被告人の権限と同一であった。裁判所は選挙によって（per editionem）構成されたのではなかったので、裁判長（Prätor または judex questionis）は、その年の陪審員の名簿に登載された全ての市民の名前を籤引き箱に投げ入れ、次いで法律が当該事件において完全な裁判所のために必要とするだけの数の名前を取り出した。さて、検察官と被告人とは抽選で選ばれた者から任意の五名を自分のために忌避する権利を有しており、その後で続いて忌避された数の補充のためにあらためて籤引き（subsortitio）が行われ、その場合もあらためて忌避権が行使された。同様の原則は、客観的な形式においてもほとんど一致しているといえるほどフランスにおいても法律にまで高められている。さらに被告人の忌避権がいかなる形式において行使されようとも、それは陪審裁判所の本質的な帰結である。というのも、陪審裁判所はそれによってこの側面からも民衆性および人道性をあらためて獲得するからである。なぜなら、今や被告人を裁くのは、被告人の仲間であるばかりでなく、同時に被告人自身の判断が是認し被告人自身の意思が彼に関する裁判官にまで高めた、仲間でもあるのである。それは、押しつけられたものではなく、自ら選んだ裁判官なのであり、その裁判官の口を通じて、被告人はいわば自己を自ら裁くのである。

陪審員は、判決のためにその都度召喚されるだけであり、また、陪審員は、国民の集団から生じ再びそこへ消えていく私人として、自己の前に提起された事実に関して決定するものとされるにすぎないから、当然のことながら、陪審員を選出することは、学識と特殊な法的知識の所有によって制約されえず、彼らに期待されうるのは、技術的・学問的な判断ではなく、一般に人間的な悟性判断にすぎない。——仮構的事実の真偽に関する裁判官の確信が、ある法律上規定された規則に拘束されている場合、すなわち、立法自体が予め、裁判所において歴史的な事実がそこから導き出されるべき事由を決定している場合には、単なる事実判断も、その純粋に歴史的な構成部分においてすら、法専門的判断である。なぜなら、その場合裁判官は、自己の事実判断を自己に与えられた確信の手段と自己に固有の悟性との関係に従って決定することは許されず、彼に許されることはまず第一に、提出された証拠方法とそれに説得力を与えたりそれから説得力を奪ったりする法律との関係に従って決定することだからである。裁判官は、自分自身の心情に対する事実の印象やそのような印象を自分に強いた確信に従うのではなく、まず、法律の命令に従うのである。というのも、法律は司法上の事柄において日常生活の確信の根拠を様々に退けることによって、法律によって特徴付けられたある前提条件のみを裁判官の確信の源と見做すからである。それゆえに、法定証拠理論が裁判官の判断の規範として存在している場合には、裁判官は事実判断において、まさに自己の固有の個別の確信ではなく予め宣言されている立法者の一般的な確信を、所与の事情に適用して言い渡すのである。かくして、裁判官の判断は純粋に歴史的な事実問題の解答の場合ですら、一般的な法律上の規則に拘束されているのであるから、司法上の認識と一般的な認識、法律上の確信と歴史上の確信、裁判上の真実と一般に人間的な真実、との間に相違が生じる。この相違は、時々、しかも法がその規則をあまりに広くまたはあまりに狭く定立していた場合に特に、矛盾してさえ現れるので、判断する者の悟性は対立する確信へと分裂するのである。そこでは、裁判官が裁判官としての自己には未知のことを人間として多分知っているとか、あるいは、裁判官が法専門家としてすでに確信しているのに人間としてなお疑う、ということがあることになる。これら全てのことは陪審裁判所においては消滅する。陪審裁判所には法定証拠理論は妥当しない。陪審裁判所の判決は、どのような法律によっても拘束されることはないし、何かある技術または学問のどのような規則によっても制約されることはない。陪審員自身の何物にもとらわれない日常的で健全な悟性が、自らに提示された事実および所与の確信形成の手段――その性質と内容は同じものであるかもしれないのだが――に従って真実または真実でないと認めるものが、また同様に真実または真実でないと宣言されるのである。そのような陪審員の意見は、彼らの目と耳の前を通り過ぎる論争の審理によって、または法廷外で獲得される知識によって、一人もしくは数人の目撃者によって、証人もしくは文書によって、あるいは総合的な推認の力によって決定されるというのである。――陪審員たちにとって真実と思われるもの、これがそれだけで真実の根拠なのである。というのも、それを認識せしめるのは、ほかならぬ自己に関する良心および誠実さの規則にほかならないからである。したがって、ここでは、人間の確信は法的な確信に従属するものでは決してなく、反対に、法律上の確信は判断者の主観的な確信から純粋に生じるものであり、それと常に同一のものなのである。マチュー・サルはそのイギリスのコモン・ローの歴史の中で曰く：

「陪審員は、なるほど証人の信用性、証言の強さと証明力を考量しなければならない。しかし陪審員は、二人の証人が証明のために必要である、という民法の規則には拘束されない。陪審員は、ある証人を唯一の証人であるというだけの理由で信用しないように義務づけられてはいないし、また、二人の証人の証言が他の事情から陪審員にはありそうにもないと思われる場合に、その二人に依拠するように拘束されているわけでもない。判決は、もともと証人の証言に基づくのではなく、陪審員の確信に基づくものなのである。陪審員は、法廷で証言された事実の虚偽であることを法廷外で獲得された知識によって確信するかもしれない。また陪審員は、ある証人を、たとえその人柄に対して当事者が異議を申し立てていなくても、信用できないまたは受け入れがたいと見抜くのである。」

このような理念は、フランスの刑事訴訟法によればその都度陪審員に提起され、その評議室において大文字で掲示されているのが見い出される説示の中で特にはっきりと要約される。「法律は、陪審員が確信を得た方法について、その報告を陪審員に要求していない。法律は、陪審員に対して彼らが特にある証拠を完全かつ十分と見做さなければならない規則も定めていない。法律は、陪審員に対して、黙ってかつ集中して自問し、被告人に対してもたらされた証拠と被告人の防御方法が、彼らにどのような印象を与えたかを自らの良心に忠実に検討することを命じている。法律は、陪審員に対して、あなた方はこれこれの証人によって証明されたすべてのことを真実だとみなしなさいとは言っていないし、またあなた方はこれこれの調書、書面並びにこれこれの証人、又は情況証拠により形成されていない全ての証拠は十分に証明されていないと考えてはならないとも言っていない。法律は、あなた方は内心の確信を持っているか？という陪審員の義務についてのあらゆる尺度を含むただ一つのことしか問題にしていない。」(9)。

イングランドにおいて私法上の争いにおいても存在している陪審制は、このような原則とは顕著に異なっているものを示す。というのも、民事事件については法定証拠理論が適用され、陪審員はその事実判断においてこの理論に拘束されているからである。そこでは、たとえば、一人の証人が完全な証明を行う、と定められている。文書は、それ自体によって証明するためにはどのくらいの年数を有していなければならないか？一体いかなる文書が証人の認証（Beglaubigung）によって初めて証明力を得るのか？等々。間接的なより遠く離れた証拠は、法律行為の性質によれば直接的なより近くにある証拠方法が期待されるべきところでは許容されない。たとえば、法律行為に関して文書が作成されているところでは、当該法律行為に関しては証人は許容されない、ということが原則に劣らず定立されている。このような原因からイングランドの裁判実務はさらに、陪審員が裁判外で獲得した確信がその判決に影響を与えることを民事陪審の陪審員に禁止するが、刑事陪審の陪審員には裁判外で獲得した確信がその判決に影響を与えることを許容する。民事事件における陪審と刑事事件における陪審とのこのような相違は、何に由来するのか？　その理由は私にはもっともと思われる。民事事件においては、判決の対象は刑事事件におけるそれよりもはるかに込み入っており、確信の根拠は判決の対象が関係する法律関係それ自体と密接に関連しているので、一般的な無学な人間悟性は、消しがたい疑問の中で混乱したりまたは法的に危険な錯誤の中で転倒したりしてはならないとすれば、そこでは放任されえないのである。しかし、法定証拠理論のまさにこの必要性こそ、民事陪審一般に対する重要な懐疑の根拠なのである。というのも、民事陪審においては、判断者自身は法的知識を有していないとされながらも法的根拠に基づく事実判断を求められる、という矛盾が鋭く目立つからである。立法者はこの矛盾を軽減しようとして、審理の決定的な要素のみならず審理の際に提出された証拠の法的な効力に関する判断も、法律知識のある裁判長をして陪審員に説示せしめ、その陪審員は、法律知識のある裁判官自身よりも自分の方がよりよく法律知識があるとは思わないであろうから、裁判官が彼らに予め説示していたことを口まねしうるにすぎない。かくしてフランスの立法者が、何ゆえにイングランドから刑事陪審をその祖国に転用しながら、民事事件においては古い裁判所規則を維持したのかは、十分に正当化されるのである。

有罪か無罪かに関する宣言は、陪審員の自然な生き生きとした確信にのみ基づくべきである。それゆえに、論争の審理、被告人に不利な立証および有利な立証は、説得的な事実が生き生きと具象的に陪審員の精神を動かし、かつその心への道を弱められずに見い出すように、陪審員自身の現存するところで行なわれなければならない。純粋に人間的な確信は、しばしば微細な諸点に結びついているので、外的な特徴に保持され言葉の中に維持されては、忠実には再現されえないであろう。被告人または証人の容貌、彼らの抑揚、態度および挙動は、彼らの話それ自体の内容よりもはるかにより多くのものをしばしば語り、隠されていることをしばしばはるかにより力強く告げるのである。もし陪審員が、これを審理自体の全体の流れからではなく、裁判所の調書という使い古され、砂に埋もれた水路からのみ取り出してよいとすれば、確信の手段のいかに多くが失われるに違いないことであろうか！　純粋に主観的な確信は微細に感度の高い秤の如きものなので、些細なことでも多かれ少なかれ右へまたは左へ傾くので、主観的な確信にとって重要でないことなど何もありはしない。調書は常に、実際の審理のコピーにすぎず、審理の本来の真実性におけるあらゆる特徴を反映することなどできないのである。行われ、かつ言われることはしばしば、それと同時的な全体の部分としてのみその完全な力および真実の意義を得るのであるが、その全体は、付随事情、諸関係および部分的な修正に取り巻かれていて、それらがその全体の脈絡を書き手の拳の下で必然的に引き裂いてしまうに違いないのである。調書が、行われ言われたことを全て忠実に起草できるとしても、それは決して行われ言われたことをそのまま起草することはできず、したがって、生き生きとした感覚的な叙述が本来有していたのと同一の印象を再現することはできない。死んだ活字はなお常に、生き生きとした言葉それ自体ではない。前者は事件の経過にすぎないが、後者は今生起しているのである。前者は物語であるが、後者は事実なのである。前者は徴憑の徴憑であるが、後者は直接徴憑するものそれ自体なのである。立憲議会においてトゥーレ曰く：「人は陪審の独立性を恐れるが、しかし、それにもかかわらずその独立性の埋め合わせは彼らの制度の中に見い出される。陪審は、証人たちおよび被告人を見かつ聞くのである。弁論が進み、活気づくに従って、彼らは内的確信を受け取り、全ての感覚と彼らの知性の全ての能力によって真実を染み込まされる。この確信、この確信こそその純粋さにおける、その自然の誠実さにおける人間の確信である。心的確信は、それが感じられるときにはすべてを支配する。それは命じられることも、押し付けられることもできないのである。それは人間的な真実の最も確実な基準（criterium）である。」(10)

法定証拠が決定の規範を与えるところでは、すなわち、裁判官の確信が、大変微細なしばしばひどく過敏な神経に拘束されているのではなく、学問的な判断、一般的な概念および規則ならびに人為的な結合の上に置かれているところでは、判断力があらかじめ証拠からの帰結に賛成できる以前に全ての個別的なものが初めて概念へと一般化されなければならないかまたは概念と比較されなければならないところでは、言葉においても把握されうることのみが証拠にとって本質的なことなのである。そこでは立法者は、この本質的な事柄において調書の正確性および完全性のために注意深く配慮しなければならないだけであり、そしてその場合この文字による叙述は、眼前の審理自体のしばしばあまりに騒々しい経過よりも、真理の学問的な探究にとって特有のものでなければならない心の平静さによりよく照応しさえしているのである。しかし、一般的な悟性の無学な確信が判断を要求されているところでは、文字による学問的な報告の冷たいひからびた表現手段は、その制度の全原則に対立することになるであろう。陪審制の政治的な成立根拠でさえ、調書による手続に反対する。というのも、官吏以外の誰が調書を記録しうるであろうか。この官吏が調書を支配する如く、同様にその官吏の主人もまた、その官吏を通じて調書を支配する者であろう。前者は前もって判決を書くことができないとしても調書を書くことはでき、その調書から判決は自ずから生じるに違いないであろう。——この調書がその真実であることを信用せしめるべくたとえ何百という封印と署名を備えていたとしても——、このような封印と署名をむしろ見ない陪審員は、たとえ表面的には形式によって拘束されているとしても、それにもかかわらず常になおその良心において疑うかもしれないのである。

陪審員の宣告は、主観的に真実だと思うところによってのみ決定されるべきであるから、陪審員は自己の宣告について責任は負わない。陪審員は自己の良心以外の法律をもたず、自己の固有の意識以外の裁判官をもたない。陪審員の宣告は神の託宣に似ている。なぜなら、神の託宣は、その結果が見えるだけで、その理由においては神秘的であり常に神聖なものであるからである。

しかしながら、ここで恐ろしい権力をもって有罪と無罪に関して宣告するこの神の託宣は、人間の心情から生じるものにすぎない。誰がその無思慮を妨げるのか。誰がその良心の喪失を妨げるのか。むろん誰も妨げはしない。しかし、無思慮と良心の喪失とに対しては、両者に対する有力な対抗物が存在する。陪審員が、そこにおいて自己の宣告の責任を負わねばならないであろうような市民の裁判所は存在しないが、しかし、なお世間という裁判所が存在しているのである。そこでは、人間性を失っていない全ての罪ある者は赤面し、いつもは他の法廷を恐れる必要のない者ですら、それを恐れるのである。これは、世論という裁判所、公衆という検閲官であり、それは名誉で報い恥で罰するのである。したがって、陪審裁判所の判決とその判決の基礎となっている手続も、公開でなければならない。公衆は、あたかも公衆から選ばれた人々がその職務を遂行するように、証人としてそこに存在しなければならない。というのも、その職務によって一方では犯罪者に対する国民の権利が、他方では権力に対する国民の自由が保護されるべきだからである。国民は判決を知るだけでは十分ではなく、審理も見かつ聞かなければならず、そうすることで国民自身が共に判断し、国民である陪審員の措置を監視し、陪審員の宣告を評価し、それに従って承認または非難を公正に割り当てることができる。陪審員が国民のために行動するように、陪審員はまた国民の前で行動しなければならない。陪審員の良心が罪ある者を放免するかまたは拘束するかの決定を行うのと同様に、公衆の良心が陪審員を承認するかまたは非難するかの決定を行わなければならないのである。

手続のこのような公開によって初めて、陪審裁判所という制度はその目的を達成する。それによって陪審裁判所はあらゆる関係において国民の裁判所となるのである。この手続の公開によって秘密の恐ろしいベールは引き剥がされるが、秘密は、正義にはほとんどふさわしくなく、権力と恣意がその背後に隠れうるがゆえに恐ろしいのである。

陪審裁判所をドイツで採用されている刑事裁判所に対置し、両者の原則と手続を比較すると、いたるところで決定的な相違が明らかとなり、その相違は陪審裁判所の輝くばかりの長所を一層際立たせ、そして人類の普遍的な理想のためと同様に陪審裁判所のために我々をほとんど夢中にさせ熱狂させるに違いない。陪審裁判所は、そこでは立派な作品として存在し、素朴かつ偉大であり、自由そのものにより発明され、英知によって完成されたものである。このような陪審裁判所に対してドイツの刑事裁判所は、陰鬱な恐るべき牢獄として存続し、それは陰鬱な時代にはその奴隷にとっての暴君を根拠づけ、後になって初めて、個々の部分においてよりよい人間的な感情を明るく、かつ自由市民にとってもかなり住みうるようにしようとしてきたのである。ここドイツにおいては(——願わくはドイツの裁判所の体制とそれに根拠を有している糺問手続の描写の輪郭を陪審裁判所を賛美する者の精神で描くことを私に許されんことを——)、被告人が自ら自己の運命をその者の手に委ねる裁判官は問題とならない。恒常的な職権で全ての臣民を裁く一団の刑事裁判官が、いつなんどきでも全ての者の首に刀を差し出すのである。恐るべき刑事権力は、常に威嚇しつつ、かつ秘密の暗闇に覆われて非公開の法廷から判決を生ぜしめるが、それは市民がその維持のために国家に自らを委ねている生命に関して判断するものなのである。このような行使の形式における刑事権力は、正義の行為としてというよりはむしろ専制として現れるのであり、あらゆる者の侮辱を贖う手段、各人の自由の公平な防御の手段としてというよりは、主権がそれによって自分自身の侮辱に復讐する道具として現れるのである。

被告人は自己の裁判官から分離されている。被告人の訴訟は自己の裁判官から切り離されて自分に対してなされるのであり、裁判官は被告人を見たり聞いたりしない。被告人の声と防御の言葉は、媒介機関を通じてのみ裁判官へと達するのである。裁判官は、被告人に不利な証人も有利な証人も聴聞しない。生き生きとした言葉は、それが人々に届いて人間存在と人間の自由とに関する判決として彼らの中で再び復活する前に、まず調書の中で冷たい活字となって死滅しなければならないのである。糺問それ自体は、その決定と同様にその開始から終結まで秘密に充ちている。被告人は、支援もなく、弁護人もなく、孤立して、見捨てられて、糺問官の前に立つのであるが、その糺問官は、おそらく糺問の前にすでに心の中では被告人に地獄行きの刑を言い渡している。糺問官は被告人を有罪とするために全身を緊張させている。なぜなら、彼の糺問官としての名誉は、彼が上級裁判所へ引き渡す有罪者から専ら生ずるからである。なるほど糺問裁判官は、罪ある者も罪なき者も公平に糺問するように、罪なき者をすら自ら有罪を認めるように誘惑しうるであろう策略を用いないように、任意にのみ自白されるべきことを強制によって強要しないように、何の付加・省略・修正もなしに全てを忠実に調書に取るように、法律によって厳命されてはいる。しかし、それは遵守の保障を欠いている法律ではないのか。というのも、正直な者はそれを必要とせず、不正直な者がそれを踏み越えても処罰されないからである。調書の真実性を監視する目、その虚偽を発見する監督、真実の故意のまたは意図的でない修正もしくは抑圧を妨げる力は、どこにあるのか。裁判所書記は、通常従属的な人間であり、裁判官が彼に口述することを筆記するのである。被告人は、恐れから、または判決裁判所が他日ある事情において多少とも見い出す重点を予期しないがゆえに知らないから、裁判官と書記によって彼らの好むように言わされたり筆記されたりするのである。糺問裁判官を監督するために、彼には二人または数人の陪席すなわち所謂参審人（Schöppen）が監視人として付せられていたが、しかし、参審人たちはたいてい、そこで自分がどこに座るかもほとんど知らず、結局、ただそこに居て調書の結びに、二、三の署名をするにすぎない。かくして、全手続の上に存在するのは、陰鬱な疑い深い秘密である。被告人は、孤独な監獄からまさにほとんど同様に孤独な裁判所内の監房すなわちこの仕事場へと導き入れられるのだが、そこで自己の全市民生活を脅かす矢が作り上げられるのである。被告人は、何か特別な慈悲による以外は、自己を密告した者を知らないし見ることもない。被告人は、なお欠如している自白を対質という精神的拷問によって彼から採取することが肝要な場合以外、自己を告発する証人を見ることはない。被告人が自ら同胞の前に姿を現すのは、彼がすでに決定的な賽が投げられた後で処刑台または監獄へと連行される時だけである。なるほど被告人にはたいて弁護人が許され、彼と相談でき、――（しかし、秘かにそして関係ある裁判所の職員の立会いという監視の下で）――そしてこの相談は、その相談および記録に従って弁護を書くために行われるが、しかし、この弁護は、それがまさに老練なものであるときは、全ての利口な裁判官が記録それ自体に従って言うに違いないことはむしろ言わず、その弁護の内容を知っている者は、その者たちがその根拠にどれほどの重要性を与えるようとするか否かだけが彼ら次第である者たちだけなのである。

罪なき者をそのような訴訟のやり方から守り、人間性をそのような訴訟の原則と融和させるために、緩慢という原則が慣習と立法との助けを借りた。我々の先人はしばしば、朝に法廷に連れてこられた被告人が、夕べにはもう罪人として絞首台で処刑されるのを見た。我々の同時代人は、糾問の半年後にもう刑が言い渡されるのを、迅速な裁判の手本と見做して、被告人が念入りの糾問のゆえに監獄で二年間を過ごし、それから結局ひょっとすると有罪の証明なしという無罪判決（Lossprechung）[11]または懲役刑を言い渡す判決をそこから引き受けても、少なくとも憤りを感じることはない。たしかに、これが悪であることを人は承認する。しかしながらイングランド人ですら、緩重苦しい形式は自由な国民が自己の自由のために支払う対価である、というのではあるまいか。緩慢は慎重の母であり、急ぎは早計の母である。このような観点からわが刑事訴訟法は賢明にも糾問の過程に重点を置いてきているが、それによれば、正確かつ適切に歩むように等しく強制しないとしても、少なくともその過程が早く進行することを妨げるのである。全ては、たとえそれがその核心においてなおそれほど重要ではないとしても、それが同様にその核心と非常に遠くかすかな関係しかないとしても、その偶然的な蛇行や湾曲の中で追及されなければならないのである、それも、糺問裁判官が当該事件を汲みつくし、かつ記録を仕上げたと宣言できるより前に。ある重要な事情（Hauptumstand）にかかわることになれば、それは判決裁判官によって刑事判決の起案のために顧慮されうる前に、少なくとも二回またはそれ以上に種々の機会に種々の形態で記録されなければならない。証人たちは当該事件に関して詳細に、筋を通して、かつはっきりと証言している。しかし、この供述が未だなお概略的なものにすぎないと、証人たちは同一の点に関して以下のような項目に関してもう一度尋問されなければならないのである(12)。すなわち、それらの項目は結局同一の帰結を与えるのだが、その帰結はすでに記録の中であまねく読み取ることができ、かつ、より明確でないとしても、しかし、それらの項目を成す段落によって少なくともよりはっきりとなっていたものなのである。犯人は自白し、全ての事実をあらゆる事情と共に物語っていても、これは十分ではなく、犯人は少なくとももう一度それらの事情を認めなければならず、そして、その物語は、その完全な関連においてすでに全体が汲みつくされているのに、なお一点また一点、一片また一片、その部分に分解され、そして次々と特殊な項目に対する答えによって記録に付け加えられなければならない。そのようなことさえ行われているのである！　しかし、被疑者・被告人が自分自身に不利に虚偽の自白をするかもしれないから、場合によっては入手できるなおあらゆる他の証拠が、あたかもそれだけで被告人が有罪を言い渡されなければならないかの如く、まさに仰々しく互いに重ねて積み上げられるのである。かくして我々の重罪の糺問の入念さは、概してその冗漫さによって制約されており、事件の内的実質は記録の山の表面的な重さによって制約されている。そして、この順序正しい入念さを、被疑者・被告人は自己の自由の不名誉この上ない長い損失で購い、同様に国家は、その刑事権力のエネルギーおよび威嚇力の損失で購うのである。

罪なき者を誤りの危険から守るために同様の精神で案出された第二の方法は、有罪の証拠のひどく几帳面な制限である。わが裁判官は、悪人を有罪だとすることが問題となる場合には、どんな理性であれひどく几帳面に慎重であるときにも疑わないところで疑わねばならない。被糺問事件の完全な証拠は、――あたかも、犯罪の確実性が、すべての歴史的な確実性が流れ出てくる源以外の源から生ずるかのように、ここで国家は、注意深い人間がそもそも重要な決心、影響の大きい行為をする気になるために当然必要とする確実性および確信よりも一層厳格なそれを必要とするかのように――ありえない条件が与える以上の確実性を与えはしない条件に専ら制約されており、それは罪ある悪人を罪なき市民に劣らず庇護する条件なのである。犯行それ自体の証拠については、その犯行が性質上痕跡を残していれば、確信は、――証拠不十分の刑罰の際には――たとえ、その犯行の真実と性質に関するあらゆる疑問が証人と被告人の自白によって取り除かれるとしても、裁判官自身または裁判官の道具すなわち鑑定人の固有の見解から生ぜねばならない。また、行為者であることの立証については、行為者自ら裁判所で自己の自白によって明らかにせねばならないか、あるいは、犯行の際に行為者を自ら見た少なくとも二人の証人が行為者に対して挙げられねばならず、かつ、その二人の証人はあらゆる異議を超越していなければならない(13)。それゆえに、犯人の立証はほとんど、自らを有罪たらしめる犯人の無思慮またはお人好しにのみ基づいているのである。かくして行為者は、その犯罪を証人たちの前で実行する程の愚か者でなければならなかったか、さもなくば自らの自白によって自己に不利な証拠を裁判官に与える程の弱者か正直者でなければならなかった。こうして、なるほどわが裁判所は、少なくとも最近は、いずれにせよ罪なき者が処刑台を登ったことはほとんどないという名誉をもつが、しかし概して、より大きくより巧妙な犯罪人が法律上の手段により処罰を免れているのに、より小さな犯罪人のみが法律上の刑罰によって捕捉されるにすぎない、という非難をも受けるのである。わが法律がなお拷問という神の託宣を有罪の立証の手段に含めていたときには、自白または直接的な目撃証人に基づいてのみ立証することは、全く首尾一貫していた。なぜなら、両者が欠如していたところでは、獄吏の従僕の拳は、被告人からその意思に反して自白を獲得する全く強力な手段だったからである。そうこうしているうちに拷問は消滅したが(14)、法律は新たな前提条件によるその帰結を生ぜしめ、それをそれだけで自ずから生じる必然的な一般的な真理として取り扱った。しかしながら、ふつうの理性と国家の利益とは、この永遠の真理について重大な疑念を見い出した。かくして、中道を通じて後者を前者と結び付けることが試みられ、そして不完全な法律上の証明の際の特別刑という理論が発明されたのである(15)。すなわち、人が自身で被告人について、その有罪が法律上は立証されていないと認めた場合には、少なくとも刑の一部分が被告人に科されたのである[16]。人々はあちこちでこの前提条件からなおより危険な極端へと至り、非法律的な理由からの完全な有罪立証の場合に特別刑を制限するのみならず、それを明白な推認のみが被告人に対して存在し、かつ特別な重罪の嫌疑を惹起した場合にまで拡張したのである[17][18]。

かくして、たいていいわれることは、従来の刑事手続は、野蛮と人間性の原則、真理と矛盾の原則、性急さと最も重苦しい緩慢さの原則とが結合された、最も奇怪な矛盾の産物である、ということなのである。

ドイツの刑事訴訟の描写における上述の個々の特徴の必ずしも全てが、あらゆるドイツの裁判所においても見い出されえないとしても、それはたいていの裁判所にとって大部分適切である。かくして陪審員の制度が、わが隣国におけるが如く（そこではその政治的な再生の前に類似の刑事手続をドイツと共通にもっていた）わがドイツでかくも多くの崇拝者および支持者を見い出している理由は、容易に理解できる。長い夜からその眼を喜んで日の出に向けない者がいるであろうか。その場合、その眼は不慣れな輝きによっていかに容易に眩惑され、そして、その対象それ自体には見い出されえない美しい色彩が眼前に揺らめくのを見ることであろうか！

我々は、わがドイツの刑事手続が、改革、それも本質的な変革を必要としていることを喜んで認める。しかし我々は同時に、わが制度の古い欠陥と共に同時にその長所をも放棄する理由を我々がもっているかどうか、我々が陪審制をわが国で整備することによって、多くの優れたものを入手する一方で、しかしなおより多くの有害なものを得ることになり、利益を重大な短所で購う破目にならないであろうかどうか、ということを公平に研究しようと思う。陪審制がわが国に転用され、その本来の故郷ではそれに付随し、かつそこにおいてのみあの短所を喜んでその長所で購うほど大きくかつ優勢に十分な長所を与えることなしに、ただその短所をわが国にもたらすだけなら、どうであろうか。多くの人間的な制度は、母なる大地におけるその固有の風土の下でのみ繁茂し、そこで大きくなりすぎ、よそへ移植されるや否や、自己に必要な生活資料を欠き、遂にあらゆる人為的な世話にもかかわらず枯れ果てるかまたは実を結ばない花しか咲かせない植物に似ている。このことが陪審制に当てはまることを証明することが、以下の全ての考察の意図なのである。

［訳注］

（1）これはソポクレスの悲劇『オイディプス王』の中のオイディプス王の科白である（訳文はソポクレス、藤沢令夫訳『オイディプス王』（岩波文庫、一九六七年）二八頁による）。

（2）フォイエルバッハは一八一三年のバイエルン刑訴法案の起草にあたっても、「一人の無実の者も処罰されてはならず、またいかなる有罪者も法律の要求する以上に厳しく処罰せられるべきではなく、さらに一人の有罪者も刑を免れたり不当に軽く処罰されてはならない」(佐伯千仭「フォイエルバッハと法定証拠主義の運命―一八一三年のバイエルン刑訴法の証拠法を中心として―(一)」立命館法学一〇二号〔一九七二年〕一一頁)、という観点を刑事訴訟の指導原理と考えていた(vgl. Thierfelder,Anselm von Feuerbach und die bayrische Strafprozeßgesetzgebung von 1813,Zeitschrift für die gesamte Strafrechtswissenschaft,Bd.53,1934,S.413)。フォイエルバッハの陪審制度論も、当然のことながらこのような指導原理を前提にしている(本訳書〔**解題**〕参照。なお、後掲・第四章訳注(1)、(2)および(3)参照)。フォイエルバッハのこのような観点の前提には、カントの道徳理論の影響が指摘されることがあるが(vgl.Cornelissen,S.96)、いずれにしても、このようないわゆる実体的真実主義の背景として、当時、刑事司法の重要な任務として、罪を犯した者を処罰することによって初めて、神の栄光が再び回復されると考えられたという、人々の宗教的信念をも挙げることができよう(松倉治代「刑事手続における Nemo tenetur 原則(1)―ドイツにおける展開を中心として―」立命館法学三三五号〔二〇一一年〕一六一頁参照)。

(3) ここではモンテスキューが援用されている(訳文は、モンテスキュー、野田良之ほか訳『法の精神(上)』〔岩波文庫、一九八九年〕二九四頁による)。

(4) フランスの一八〇九年の治罪法では、それまで存在していた起訴陪審は採用されなかった(中村義孝編訳『ナポレオン刑事法典史料集成』〔法律文化社、二〇〇六年〕四四頁以下参照)。

(5) quaestiones perpetuae につき、柴田光蔵『ローマ法概説』(玄文社、一九八三年)三三四頁以下参照。

(6) アテナイの陪審裁判につき、橋場弦「アテナイの民主政における司法への民衆参加」佐藤篤士・林毅編著『司法への民衆参加―西洋における歴史的展開―』(敬文堂、一九九六年)一〜一八頁参照。

(7) 古代ゲルマンの民会につき、林毅「ゲルマン古代の民衆裁判」佐藤・林編著・前掲訳注(6)四九頁注(3)

参照。

(8) ここでもモンテスキューが援用されている（訳文はモンテスキュー、野田ほか訳・前掲訳注(3)二九四頁による）。

(9) これは一八〇九年のフランス治罪法三四二条において規定されている、評議の前に陪審員に対して行われる指示である（中村編訳・前掲訳注(4)九一～九二頁参照）。

(10) これは、フランス立憲議会（一七九一年）における委員会委員のトゥーレの発言である（この点につき、梅田豊「近代刑事裁判における口頭弁論主義・自由心証主義・継続審理主義の意義と陪審制度（二・完）―フランス一七九一年刑事訴訟法制定過程議会審議録からの紹介と検討―」法学五四巻四号〔一九九〇年〕一六八～一六九頁参照）。

(11) これは、罪とならずという理由での完全無罪判決（Unschulderkenntnis）とは区別される（久岡・中村共訳「フォイエルバッハ『バイエルン刑事訴訟法』（三・完）」立命館法学一二五＝一二六号合併号〔一九七六年〕一九四～一九五頁参照）。なお、佐伯・前掲訳注(2)「フォイエルバッハと法定証拠主義の運命―一八一三年のバイエルン刑訴法の証拠法を中心として―（二）」立命館法学一〇三号（一九七三年）四五頁参照。

(12) このいわゆる「項目尋問」に関連して、カルプツォフは、「尋問・聴取は項目ごとに行われなければならない。従前よりのザクセンの裁判慣習に従えば、犯罪に関して裁判官が項目を作成し、被告人はそれに対する認否を回答せねばならないのである」、「合法的な尋問・聴取であるためには、尋問項目が明白・明確で、理解しやすいものでなければならない。」、等と論じている（宮本弘典『国家刑罰権正統化戦略の歴史と地平』〔編集工房 朔、二〇〇九年〕三八七～三八八頁参照）。

(13) カロリナ刑事法典二二条（六〇条、六七条、六九条）は、有罪判決には直接証拠たる「無辜ならば述べかつ知ることのできない真実」を含み、「疑う余地なく確実なものとして措信され〔る〕」自白または「信用すべき良き証人」二人以上による証言を必要としていた（この点につき、上口裕訳「翻訳　カール五世刑事裁判令（一五三二年）試訳（二）」南山法学三七巻一～二合併号〔二〇一四年〕一六五～一六六頁、一七八～一七九頁、一八〇頁参照。なお、宮本・前掲訳注(12)三四〇頁、三四四頁、三五九頁注34参照）。

(14)　拷問の廃止は、プロイセンにおける一七四〇年六月三日のフリードリッヒ大王による拷問の廃止の閣令、一七七六年一月二日、テレシアーナ刑事法典（オーストリー）からの拷問の排斥の動き、そしてドイツ各地での拷問廃止の動向に連なって、バイエルンでも遅蒔きながら一八〇六年に実現された。

拷問の廃止は、糺問訴訟の構造へ間隙を作り出すことになる。というのも、被疑者・被告人には真実を告白する義務があり、この義務の上に――あるいはその否認に対し供述義務の履行を強制する制度としての拷問是認の上に――糺問主義は成立してきたからである（後掲・訳注(18)参照。なお、佐伯・前掲訳注(2)）。

そこでフォイエルバッハは、この間隙を埋めるべくその刑訴法草案（一九二条～二〇一条）において不服従罰の提案を行い、それが一八一三年のバイエルン刑訴法（一八七条～一九五条）に採用されたのである（久岡＝中村訳「フォイエルバッハ『バイエルン刑事訴訟法（一）』」立命館法学一一四号〔一九七四年〕一六〇～一六一頁。

むろん、拷問の廃止後、糺問訴訟の構造に生じた間隙を埋めるべく考え出された不服従罰や虚言罰は「本来の拷問という道具を投入しない自白の強制」(Eb.Schmidt,S.271）にほかならず、「拷問の残滓」(Eb. Schmidt,S.328）というべきものであるから、フォイエルバッハの前記草案（一九二条～二〇一条）に対しては「合同会議」において厳しい批判が出された（この点につき、佐伯・前掲訳注(2)一二頁参照）。

フォイエルバッハは一八一一年八月一一日の「合同会議」において、不服従罰の規定（一九二条～二〇一条）に関して報告を行った（Protocoll vom 11.August 1811,S.255L-255R）。フォイエルバッハの草案（一九二条～二〇一条）は、被疑者、被糺問者は、これまでどおり糺問裁判官の糺問に対して真実義務を負うという前提で、糺問官の質問に対する完全な答弁拒否、黙秘、唖もしくはつんぼまたは白痴の仮装ならびに質問の回避に対して、不服従を理由として鞭打ちの体罰を規定していた（この点につき、佐伯・前掲訳注（2）一二頁参照）。その一九二条によれば、「被糺問者が、尋問の間、誹謗、脅迫的言辞、暴力の企て、その他裁判所の命令に対する服従の頑強な拒絶によって不当な振舞いに責任がある場合」は、被糺問者に鞭打ちによる体罰をも許容するものである（Protocoll, op.cit.,S.255L）。しかし、これに対しては議長のライゲルスベルク（司法大臣）によって、「このような容易く一種の拷問に堕するような強制手段、すなわち、二五回までの鞭打ちのような体罰の使用の権限を糺問裁判官に委ねることは、極めて疑わしく思われる。」（ibid.,S.255L）、これによって「より緩和された拷問が再びバイエルンの裁判所当局で使用されることになると思われる。」、このような強制手段によって懲罰を受ける者の自白ではなく、供述に影響を及ぼしたいだけだといわれるが、「それは根拠薄弱な主張である。その目的は、肉体的な苦痛によってもたらされる、拷問の廃止の基礎となっている原則によれば当然に無効な強制された自白を入手することにほかならない。」（ibid.,S.256L）と疑義を呈されたため、この問題は翌週八月一八日と思われる（vgl.Thierfelder,S.418）「合同会議」で引き続き議論された。この「合同会議」では、冒頭エフナーが、前回の議長のライゲルスベルク（司法大臣）による疑義の呈示に同調しつつ、不服従罰と「陰鬱なものとして廃止された拷問との類似性」を指摘したため（Protocoll vom 18.August 1811,S.259L）、フォイエルバッハは、「拷問とのあらゆる類似性を除去するために」、不服従罰に関して再提案を行った。それによれば、訴訟においていかなる体罰も廃止し、それに代えて、法定刑の重さに従って水とパンだけの狭い房での閉居罰を原則とするというものであった（ibid.,S.259R）。この提案については、ゲンナーのように「体罰は、人間性を貶める懲罰の方法であり、それと同じ目的は水とパンだけの等級別の閉居罰によって達成される」（ibid.,S.262R）、として賛成する意見もあり、またアレティンのように、一方では「人間を家畜と同様に鞭打つ体罰は、なにか人を貶め、かつ奴隷類似のようなので避けたい」が、他方では「被疑者、被糺問者に対して鞭打ちを完全に回避できる教育の程度と見做す立場」でもない（ibid.S.264R）、という折衷的な意見も出され、最終的な採決の結果、鞭打ちの体罰による懲罰は、一九二条と一九三条による回答の拒絶の場合に制限され、曖昧な回答の場合の鞭打ちの体罰は回避された（ibid.S.265R）。

(15) カロリナ刑事法典は法定証拠主義を採用し、有罪判決には直接証拠たる「疑う余地なく確実なものとして措信され〔る〕」自白または「信用すべき良き証人」二人以上による証言を必要としており（二二条、六〇条、六七条、六九条）、一定の徴憑があれば自白獲得のために拷問の使用を認めていたから（上口・前掲訳注(13)参照。なお、宮本・前掲訳注(12)二九八頁注13、三一三頁参照）、拷問の廃止によって自白獲得ができなくなると法定証拠主義を前提に有罪判決を言い渡すことが困難となり、嫌疑刑（Verdachtsstrafe）としての Poena Extraordinaria という用法が重罪に対しても用いられるようになったわけである（藤本幸二『ドイツ刑事法の啓蒙主義的改革と Poena Extraordinaria』〔国際書院、二〇〇六年〕一八三頁参照）。

(16) いわゆる嫌疑刑のことである。「半証明に基づく嫌疑刑の科刑という考え方は、一七世紀の末までには重罪の場合にもその適用範囲を拡大されることとなった」（藤本・前掲訳注(15)一七七頁）、といわれているが、各国における拷問の廃止がそのような動向に輪をかけたのである。

(17) オーストリアにおいてマリア・テレジアが拷問を廃止する以前にも、一七七〇年のザクセン選帝侯フリードリッヒ・アウグスト三世による政令の中に、「半証明がなされた場合については、——従来ならば拷問がなされるべきとされていたが——今後は、重労働を伴う収監が宣告されるべきものとする。これは、最も重い犯罪に対しては終身の、それ以外の重罪に対しては有期の収監とする。」、と宣言されている（藤本・前掲訳注(15)一七七〜一七九頁参照）。一七七五年一二月一三日、ヨーセフ二世（オーストリア）による拷問廃止の裁定においても、「〔拷問廃止後〕現行法により拷問の十分な嫌疑ありとの心証あるも、拷問による以外にその証明手段なき場合、裁判官は審問を終了すべし。但し、審問をかくの如く終了する場合、よくよくの考慮によりて得られる最終知見により、特別刑のみは科し得るものとし、その量定は嫌疑の程度によるべし」、と述べられている。この「特別刑」が嫌疑刑を意味することはいうまでもない（宮本・前掲訳注(12)三一一〜三一三頁参照)。

(18)　嫌疑刑は一八二〇年代に頻繁に言い渡されたが、それに対する批判（鑑定意見も、嫌疑刑を「拷問に劣らず不正である」〔die Gutachten,S.149〕と批判していた）が啓蒙主義の影響の下で強まり一八三〇年代には姿を消し、それに代わって仮放免（absolutio ab instantia; Instanzentbindung）が次第に増大した。仮放免とは、有罪判決に十分な確証なき場合なお有力な嫌疑があることを条件として言い渡されるもので、確証無罪判決（完全無罪）と異なって新たな嫌疑理由が生ずるなり判明すると、いつでも審問を再開できた（光藤景皎「刑事訴訟法における二、三の原則の生成素描―ドイツに於ける仮放免の廃止を中心として―」『〔平場安治博士還暦祝賀〕現代の刑事法学（下）』〔有斐閣、一九七七年〕九六〜九七頁参照)。このような仮放免の制度を克服するには、弾劾主義の思想に基づく刑事手続改革が必要であった。そのわけはこうである。

実体的真実主義を前提に（vgl.Eb.Schmidt,S.328)、訴追と裁判という「完全に矛盾する」（Eb.Schmidt,S.324）二つの機能を一身に担う「糺問官の全能」（川崎英明「ミッターマイアーの刑事司法論（一）」法学雑誌二五巻二号〔一九七八年〕一八五〜一八六頁）の下では、「〔糺問官の〕心理的に耐えがたい二重の役割」（Eb. Schmidt,S.280. なお、川崎英明『現代検察官論』〔日本評論社、一九九七年〕六四頁参照）という「糺問訴訟の根本的欠陥」（Eb.Schmidt,S.280）が、「被疑者・被告人は審問の客体にすぎない」（Eb.Schmidt,S.321）という結果を招くことになる。というのも、そのような糺問主義にあっては、全く当然のことながら、「糺問官と被疑者・被告人との関係は、両者が闘争する敵として互いに対立せざるをえないように形成される」。そのことによって、「糺問官の状態は、当初から、自白獲得および有罪立証の方向へと心理的負荷を負わせられたので、実体的真実の究明のために、免責証拠をも負罪証拠と同じような覚悟および注意ならびに時間および労力の投下でもって取り扱う彼の義務は、まさに幻想とされた」（Eb.Schmidt,S.328）からである。鑑定意見も、「糺問官が、被疑者・被告人に不利な証拠もその防御に有利な証拠も等しい注意でもって探求しなければならない」、という点に「糺問訴訟の主たる弱点」が示されているといい（die Gutachten,S.21）、糺問訴訟を正義の実現に必要と把握したフォイエルバッハ（前掲訳注(2)参照）との違いが際立つ。

いうまでもなく、近代の刑事訴訟は弾劾主義を前提にするもので、以上のような前近代的な「糺問訴訟の根本的な欠陥」を克服するために三権分立を前提に訴追と裁判の分離が要求されたわけである（カロリナ刑事法典は、六条、四六条、一八八条で職権による審問の開始を認めている〔上口・前掲訳注(13)一六〇頁、一七四頁、同訳「翻訳　カール五世刑事裁判令（1532年）試訳（三・完）」南山法学三八巻一号〔二〇一四年〕二五二頁参照。なお、宮本・前掲訳注(12)三四一〜三四二頁参照〕）。というのも、「弾劾主義だけが真の意味での裁判官を知っている」といわれるように、「原告であり裁判官である地位を同じ人間に負わせることはその者に心理的にみて耐えがたい負担を負わせることにな〔り〕」、公正な裁判を保障することができなくなると考えられたのである（横山晃一郎編『現代刑事訴訟法入門』〔法律文化社、一九八三年〕五四頁〔光藤景皎〕参照）。そして、「原告の主張を原告が立証できなかったなら被告は無罪を言渡される権利をもつ」（「疑わしきは被告人の利益に」〔in dubio pro reo〕原則。この原則の成立に伴い嫌疑刑は消えていった）というのは、弾劾主義からの帰結でもある（同上・五二頁〔光藤〕参照）。したがって裁判所は、有罪が証明されなければ無罪を言い渡すほかなく（「黒か黒でないか」）、弾劾主義の下では無罪判決は（「黒でない」という）一種類しかなく、それは嫌疑刑や仮放免の廃止の要求となり、それらの廃止はとりもなおさず in dubio pro reo および ne bis in idem（一事不再理の原則）の確立を意味したのである（同上・六〇頁〔光藤〕参照。なお、光藤・前掲「刑事訴訟法における二、三の原則の生成素描―ドイツに於ける仮放免を中心として―」八八頁以下参照）。

ちなみに、フォイエルバッハが起草したバイエルン刑事訴訟法によれば、確証無罪（三五三条）、有罪の立証なき無罪（三五四条）、仮放免（三五六条）、有罪（三五八条）の四種が終局裁判である（久岡・中村共訳・前掲訳注（11）一九四～一九五頁参照）。

# 第二章　政治制度、国家体制の一部分として考察された陪審制

陪審制の長所と短所を研究する場合には、二つの観点、すなわち、純粋に政治的な観点と刑法上の観点とが、互いに区別されなければならない(1)。我々は陪審制を、前者の観点からは、ある国民の国家体制の一部分として、かつ少数者の専制から人民の自由を守る手段として考察し、後者の観点においては、ただ刑罰権の目的に対する陪審制の関係に従って現存の刑罰法規の貫徹の機関として考察する。純粋に政治的な観点から考察する場合にとりわけ問題となるのは、陪審制は、いかなる国家体制において必要であり、どのような政体の下においてその政治的な目的と合致することができるか、ということである。

我々はどの民主主義国家においても、陪審裁判所ないしはそれに類似の制度を見い出す。主権と国王とが人民全体の手中にあり、国民の中の各個人が統治上の組織体の不可欠の一構成部分をなしている民主主義国家においては、刑罰権が一人の個人または常設の委員会へ委ねられるとすれば、

その政体の原則および本質にまさに矛盾することになろう。というのも、このような個人または委員会は、生命、自由および財産を意のままにすることによって抵抗しがたい権力を手に入れることになり、その権力によって彼以外の全ての者は、その絶対的な意思に服従させられることになるだろうからである。生死に関して裁く独占的な特権によって、権力と権利についての政治的平等は直ちに廃棄されることになろう。つまり、支配する市民と服従する市民、専ら命令する市民と専ら命令に従う市民とが存在することになるであろう。ローマの独裁制のシンボルは束桿の中の斧であったが、その最も重要な権利は独裁者の判決だけによる生死に関する権力であった。しかし、それは特別な専制としての独裁制でもあり、それが続く間、共和主義と自由はその前で消滅しなければならなかったのである。アテネにおける最も古くてかつ最上級の刑事裁判所であるアレオパゴスは、終身制で選任された会員から構成されていた。しかし、まさにそうであるがゆえに、その権力は、本物の民主政治がさらに前進することによって優位を獲得するという関係の中で、次第に落ちぶれたのである。

完全な刑事権力が一定期間、特定の高級官吏に委ねられると、平等原則は廃棄されないとしても、しかしその場合は憲法自体が間接的に高度に危殆化される。というのも、高級官吏に一定期間委ねられた生死に関する優越的な権力は同時に、その期間を越えても都合のよい機会にそれを継続して保持し、国民の自由を抑圧して君主政または貴族政を定礎するためにその権力を濫用する手段をその者に与えるからである。ローマにおける一〇人委員会（Decemvirat）の歴史はそれについての証拠を与える。

したがって、全国民が裁判官の職務を遂行するか、または国民がその都度生じる事件において全国民から選ばれた個々の市民によって、いずれにせよその市民の宣告に拘束されている官吏の指揮の下でその権利を行使させるか、のいずれかの場合のみが民主主義の精神を本質としていることになる。

民衆が集団で、たとえばローマにおいて最初は原則として後には例外的な場合に平民会に基づいたように、裁判所に座る場合、たしかに民主主義の精神にとっては十分であるが、しかし正義の要請にとっては十分ではない。なぜなら、この場合には常に、一方では、侮辱された主権者が直接自ら自身の侮辱を裁く裁判官となるのであり、他方では、民衆の決定の賢明さについて、それが分別のあるデマゴーグの声の単なる反響ではなくなるや否や一般的にいわれうることが、大衆の判決の真実と公平さについて二重の力で妥当するからである。オタヌスのメガビズスがすでにヘロドトスについて述べていることが真実であるとすると、役立たずの賤民ほど無分別かつ傲慢なものはない、民衆は何も学んできていないし何が善で何が道義に適っているかを知りもしないから、国王は彼が行うことを予め熟慮するのに民衆はそうではない、民衆は意味もなくあらゆることに手を出し、かつその激情の中で国家を激しい渓流のように前方へと推し進めてしまう、というのである。このような民衆が、その動揺する集会において原告と被告との真中でいかにして公平でありうるのか、大衆の混雑の中で、激情のどよめきの中でその正義という秤のバランスをいかにして保つことができるのか。なお十分にありそうなことは、（有りそうなことと在ることとは互いに非常に遠く隔たっているのだが）民衆は、慎重かつ冷静にある法律に対して賛成したり反対したりするということである。というのも、法律は冷淡であり、その一般性で感情に触れるところはないが、しかしまさにこの一般性において各個人に有利にも不利にも作用するものであり、それゆえにもともといかなる激情も刺激することはなく、ただ熟慮を促すにすぎないのである。しかし、大衆が個別の事件に関して、それがまさにその個別性によって感覚の真近に存在している場合、激情にかられてそれ自体また激情を生み出す事実に関して、同情または憎悪の対象として本当に生身で国民の好意または国民の復讐に公然と立ち向かう男に関して、これらに関して大衆が公平に真実と正義に従って判断するということがほとんど期待されえないことは、酔っ払いに思慮深さを期待したり、世間知らずの者に分別のある話を期待できないのと同様なのである。ローマの平民会の民衆裁判権は、ほとんどの場合とはいわないまでも非常に多くの場合に、政治的な装置にすぎなかった。というのも、それは、デマゴーグまたは国民党の目的を主張すること、反対党の計画を破壊すること、貴族の企てを牽制したり彼らの中心人物の一人にそれを敢行させること、憎まれている民衆の敵を国民の復讐の犠牲者とすること、これらのことが必要なときに作動させられたからである。正義ではなく党派的な精神が、民衆の裁判所を活性化し、それに罪ある者を指示し、彼らにその判決を与えたのである。アテネでは、裁判権は民会自体において行使されたのではなく、裁判する者は年毎に種々の法廷に配属され、その法廷には各々個別の事件が割り当てられていた。たとえばヘリアステンの法廷は、通常五〇〇人の裁判官からなり、多くの場合、事件の異なるのに応じて一〇〇〇人、一五〇〇人、二〇〇〇人、ある機会には六〇〇〇人の裁判官からすら成り立っていた。したがってローマの民衆裁判所は、アテネのそれとは、民衆がローマでは集団で、しかしアテネでは区分された委員会または部に分けられて裁判権を行使した、という点でのみ区別されたにすぎない。両者はその本質においては互いに全く一致している。アテネでも、決定するのはたとえ数は少ないとはいえ大衆なのであり、それゆえに同様の理由で冷静かつ落ち着いた判決にとっては不向きなのである。正と不正に関する偶然の余地がいくらか少ないだけなのである。というのも、サイコロの数が少ないからである。

したがって、国民がその刑事の官吏を選び、その彼が訴訟を指揮し、個々の各事件毎に陪審員に選出された個々の若干の市民が裁判官として有罪・無罪に関して決定する、という前述の第二の方法が最も当を得ているのである。ここでは、その場合、いかなる特定の人物もまた全ての者も、個人の運命の恒常的な支配者ではない。事実を判断する者は大衆の背後に隠れているが、裁判官席に上る者は大衆ではないのである。ここでは、立法者が同時に裁判官であることはなく、裁判官もまた立法者に対する優越的な権力をもたず、平等という共和主義的原則が完全に妥当する。なぜなら、陪審員は民衆から生じ、裁判官席自体には官吏ではなく市民のみが座り、宣告された判決の後には再び彼らの仲間の中へ姿を消すからである。その選任は、多くの者の中からより少ないより良い者を選択することを許し、両当事者の忌避権があらためてより良い者の中から最も公平な者を目指すのである。かくして、選抜された裁判官の小さな静かな集会が冷静に判決を探すだけではなく、正しい分別によって真実に合致した判決を見い出すことも期待される。立法する民衆自身は、最も馬鹿げた決断へと追い詰められたと自覚するとき、利害または恐怖のいかなる限界も知らない。民の声は神の声である。立法する民衆は自らに関して審判する者もセンサーももっていない。世論でさえ立法する民衆の前では消滅する。というのも、世論は立法する民衆自身の中にあるからである。これに対して選抜された裁判官は、個人として立法者とは区別されかつ立法者に従うものであり、そして彼らは立法者の刑罰を恐れる必要はないとしても、しかし世論という検閲を恐れなければならない。陪審員は、たしかにその席で政治的な党派的見解を放棄することはないであろう、そして当然のことながら、陪審員はその話がしばしば主権者たる国民またはまさに現在支配している政党に気に入るようにのみ語るであろう。しかし、大衆の裁判所と選抜された少数者の裁判所との大きな相違は常に、後者は選抜された少数者は欲すれば直ちに公正たりうるが、他方、大衆はたとえ彼らが公正たろうとしても概して公正たりえない、なぜなら彼らが法を認識することを無知と驕慢とが妨げるからである、という点にある。

陪審裁判所と民主主義の精神との正確な親和性を、最新の歴史が我々の眼前で説明してきている。フランスにおいて人民主権の理念、市民の自由と平等の理念が活発となるや否や、革命の中心人物は陪審員の導入を自由な国民に相応しい裁判所構成のための最初の礎石として要求したのである。デュポール(2)は一七九〇年三月二九日立憲議会(3)で曰く：

「裁判官というのは、正義の所有者であろうか。

永続的な職というのは、まさしく財産である。裁判官という職が終身制であることは、ある意味で有益な制度であろう。終身制は専制政治に対する障壁として役立ちうるのである(4)。しかし、実際のところ裁判官職の終身制は、自由の破壊にしか役立っていないのである(5)。

人というのは、いかなる仕事を行っていたとしても、社会の一員に戻れば、公平を愛し、専断的な態度を改めるものである。ところが、身分を失うことがないと知っている者は、託された義務を付与された恩恵であると考える。自らを他の者とは異なる階級にあるものと信じ込んでしまうのである。そして、自らが常に享受すべき権限を拡張する傾向がある。

なぜ我々が他の人に対して公正であろうとするかというと、その動機は、とりわけ、他の人にも我々に対して公正であって欲しいという願望、およびそうあって貰わねばという必要性である。（終身制の）職業裁判官は、自然と公平性に欠ける考えを持つようになるであろう。逆に、裁判官が一時的な職としてのものであれば[6]、その職を行う者は（その職を行うようになる前に）自らが何であったのかを忘れないであろうし、（その職を行った後に）自らが何になるのかということも想起するであろう。」

陪審制は、民主政の下で必要であるのと同様に、混合的な体制においても本質的なものである。私はここでは、主権自体が、国民と君主もしくは貴族的な団体の間に配分されているか、またはこれらの三者の間に配分され、かくして、各々の個々の共同して支配する部分には主権のある部分のみが帰属し、主権の全体は、これらの分離された諸構成部分の共同作用において行使されるにすぎない制度だけを、混合的な体制に含める。そのような統治形式の注目すべき例を与えるのは、周知のようにモンテスキュー[7]がその国法の中に賢明な人間的な体制の理想を見い出すことができると信じた国家である。すなわち、その国家においては立法権は全人民のものであり、全人民がそれを上院および下院においてその代表者を通じて行使し、国王はただ執行権を有しているにすぎないのである[8]。

そのような国家体制においては、最高の国家権力はその分立によって絶え間のない相互の対立に陥るので、このような対立からは、あらゆる政治的な生活および作用の精神、そのような体制の継続の原則さえ生じるのである。これらの諸力の各々は、全体のためにその各々が他の諸力と協力し併存して各々の限界内においてのみ作用することを通じて、他の諸力とバランスを保つとされる。しかし、人間の力および人間の意思の中に備わっている分銅は、それらが常に安定したバランスを維持するようには決して計量されないのである。そのような分銅の各々はバランスを失う傾向があり、各々の生き生きとした力はその限界を越えがちであり、自らに対立する力を破壊するかまたはその地位から追い払うことを企てるのである。あらゆる生命が諸力の闘争であるごとく、そのような政治的機関の生命もまた同じである。執行権は当然のことながら立法権からその独立を求めるし、立法権は執行権の制限および服従を求めるのである。立法権は国民の自由を欲するのに、執行権は国王の特権を求める。各々が嫉妬深く他を監視し、他に対する自己の限界をより良く守るために征服しようとする。そうだとすると、刑事権力の分銅はどこに置かれるべきであろうか。それが専ら一方の側または他方の側に置かれると、体制は破壊される。というのも、対重が帳消しにされてしまうからである。刑事権力が国民に委ねられると、執行権は不随となるばかりではなく、王位を保護する者、身分が高くただそれだけの理由で国民が羨む者、国民は彼らを玉座を守るがゆえに憎み、恣意的な権力によって抑圧することも国民の権限となる。また、刑事権力が、人民の主権を代理する団体に拘束されるかまたはそれに依存せしめられると、全体制の運命はその団体の手中にのみ委ねられることになろう。なぜなら、人民の主権を代理する団体は、司法権を制限する法律を廃止するか、または司法権を拡張するかもしくは裁判官に恣意を与える法律を立法したり助長したりするであろうし、犯罪ではない行為を犯罪としたり犯罪を不可罰だと宣言したりするであろうし、かくして人民の主権を代理する団体は、貴族政から一方では君主政を他方では民主政を守る障害物を、立法ないし個々の事件において直接または間接的に無効にしうることになろう。そして最後に、君主のみが刑事権力の無制限の支配者となれば、彼は同時に、彼が欲する以外のことを欲する全ての意思を支配する者であり、言葉または行為によって彼から憲法を擁護しようとする者に対する支配者であろう。したがって君主は、彼が立法者となることを欲すれば直ちに立法者となろうし、そのような裁きの会においては、可能なことがきちんと運ばれればまさに直ちに、欲することがひとりでに行われるのである。したがって、このような国家組織においては、陪審裁判所は、国家の諸々の勢力を技術的に互いに調整し、それら諸々の勢力が軋轢により互いに妨害し合うことを妨げるための、必要な手段なのである。ここでは陪審裁判所は、全体制の要石であり、むしろ、体制そのものがそれと共に浮沈する体制の礎石なのである。国王は、犯罪者を起訴によって訴追し、かつ彼によって任命された裁判官によって処罰する権力をもたなければならない。しかしながら、「自由人は、その同輩の合法的裁判によるか、または国法によるのでなければ、逮捕、監禁、差押、法外放置、もしくは追放をうけまたはその他の方法によって侵害されることはない。」(9)という原則を伴うマグナ・カルタという守護神は、このような権力と対峙せざるをえないのである。このような政治的性格は、イギリス人をしてその陪審制をかくも誇らしめかつ悋気せしめるものでもある。というのも、その政治的性格こそ、イギリスの法律家、文筆家および哲学者が陪審制の中に人間的英知の最高の傑作を賛美し、モンテスキュー(10)という人さえ鼓舞して夢中にさせ、デゥ・ロルムの中に洞察力の最も鋭くかつ最も徹底的な表現者を見い出したものなのである。陪審制の賛美者の誰一人として、その刑事法上の価値については決して語らず、彼らの誰一人として、それを無実の者を無罪とし罪ある者を有罪とするための素晴らしく有用な手段として賛美したりはしない。彼らは陪審制を、ただ、それが維持される限り君主の権力に越えることのできない制限を設ける防壁であり、そして我々が国民の自由と呼ぶものをあらゆる侵害から法的に守る防壁として考察し、賛美するだけなのである。

それゆえに、専制政治を志向するあらゆるイングランドの国王は、陪審制を回避することによって彼らが転覆することを欲した体制の根元に手をつけることを企てたのである。カール一世は、彼の不幸な企てを恣意的な税金でのみならず恣意的な拘禁によっても開始したが、それ以降イングランドでは、憲法の君主的な部分は金銭または官職を手段とする買収のシステムが導入されることにより、その民衆的な部分に対して優位に立ったのであり、かつ、専制君主制の緩慢な死——ヒュームはそれをその人民の体制に予言しかつ希望した——を漸進的に惹起し始め、それ以降、陪審裁判所の管轄範囲は委員会および治安裁判所を通じる多くの付随的な裁判所によって制限されている——それは恐らく時が経つにつれますますその余地を広げ、遂には陪審裁判所を押しのけて純粋の君主政を惹起するであろう——。すでにブラックストーンは、陪審裁判所から一定の法律問題を剥奪する危険な始まりを警告しているのである。最近の文筆家たちは起こりつつあることをすでに声高に非難しており、後にはそれ以上のことは起こりえないと非難するであろう。

すでに示されてきたように、陪審制が共和主義的な原則にのみ基づくときは、すなわち、陪審制が国民が主権としての自らに帰属する司法権を行使することによってその機関であるとき、または国民が高権への自分自身に帰属する割当てを行政権のありうる攻撃から政治的自由を独裁を志向する君主政もしくは貴族政の企てから守ろうと試みる手段であるときは、陪審制は、あらゆる権力を国民とは異なる君主に纏めることによって君主を人民のあらゆる権利の唯一の受託者にまで高めてきた統治形式の精神を本質とするものではない。むしろ、たとえ立憲主義的で、かつ形式により制限されているにせよ、分立されていない君主政または貴族政においては、陪審という制度はその体制の精神を本質としていないだけではなく、このような体制の精神および本質に反するものでもある、と人はいうことができるし、そう主張することが許される。なぜなら、人民の政治的自由とはその主権と同一のものであるから、ある君主から——その君主の憲法上の権利は、まさに彼が全く完全な主権を分立せずに自らの中に集中している点にある場合は——その政治的自由を守るための憲法上の手段など考えることはできないからである。他のどんな体制においても陪審制によってその君主に対して守られるべきものは、最早この体制の中には存在していないのである。政治的自由は君主の中にのみあるのであるから、君主に対して政治的自由を守るということは、君主が自分自身に対して自己を守るということになろう。——

もっとも、人民の政治的自由以外になお個人の人格的自由が存在している。今や陪審制が最高の意思の全能を制限すれば、陪審制は、国民における個人のこの人格的自由を守るための合目的手段だと、なお一層思われる。なるほどそのとおりであるが、しかしそれは、陪審制が成立する限りでのみ、陪審制が裁判官による刑罰権の独占的な機関である限りでのみ、陪審制が個人の自由および生命へいたる唯一の道である限りでのみ、そうであるにすぎない。しかしながら、陪審制が成立するのか最早成立しないのかは、そのような統治権力の下では陪審制がそれに対する防壁であるまさに最高の意思に、その意思が陪審に対してそのような防壁が存在すべきであることを欲する限りでのみ、すなわち防壁という手段が必要でない場合にのみ、間接的にせよ直接的にせよ依存しているのである。我々が陪審制またはなんらかのその他の市民的制度がある体制において保障されていて、君主にはいかなる条件の下でもそれを越える権力も権限も帰属していないと想像する場合、君主の意思に対して我々が想起しなければならないのは、自己の目的を権利として主張しかつ貫徹しうるような君主の意思とは異なる他の意思なので、かくして我々はこのような場合は最高の意思に他の意思を並列するかまたは優先させてきているのである——しかも、あたかも法的に抵抗できない主権の意思に対する法的に可能な抵抗という理念によるごとく、主権の一部分を剥がすことによってなのであるが、その理念は絶対的な支配権を分立した不完全な主権に転換するのである。分立されていない統治権力の下で国家体制がなんと呼ばれるかは、支配者がそれに従って支配する諸原則、支配者がそれに従って自ら決心しまたはその決意を明らかにしようと欲する諸形式の叙述以上のものを原則として意味しないが、それは事柄の性質上、法律の総体にほかならない。というのも、支配者は法律によって人民の眼前で自動的に制限され、かくして人民の監視が支配者に分別を命令し、良心および名誉という法律が支配者をして法律の遵守の責任を負わせるが、しかし、国家においては誰も支配者が法律に違反したり法律を完全に廃棄することを妨げる権利をもたないし、たとえもっている場合でもその権利を守る力をもっていないのである。ポープが各体制について述べたことはとりわけこのような体制に妥当するのである。すなわち、最も良く管理される政府が最良の政府であるということである。すでにヘロドトスについてダリウスが述べていることだが、一人の男がそれも最良の男が国民の頂点に立つ、という思想ほど素晴らしいものはないのである。ところで、頂点に立つ男が実際に最良の男であるかまたは国民の中の次善の男にすぎないのであれば、一般的な自由の最も確実な防壁はその者の正義の中にあることになる。そのような男には不正義は必要ではないし、国民は彼に対する陪審を全く必要としないのである。しかし、彼の意図が法律を運用する代わりに恣意を行使するものとなると、陪審制もいかなる保護も与えはしない。というのも、陪審制という城壁は、彼がその廃止を欲すれば崩壊してしまうからである。それは彼にとっては軟弱な折りたたみ式の屏風にすぎず、欲すれば直ちに何時でも取り除くかもしくは脇に押しやりまたは易々と回避することのできるものなのである。陪審制を立法から完全に削除したり、または少なくとも君主が例外的な場合であると宣言する場合に、陪審制を停止しそして特別裁判所、特別の委員会によって回避することを、誰が君主に禁止できるというのであろうか。あるいはまた、あらゆる司法上の形式の代わりに封印状（lettres de cachet）または警察という何時でも喜んでいうことを聞く道具によって、彼が陪審制によって達成することを望まないことを達成することを、誰が彼に禁止できるというのであろうか。イングランド人にとってさえ、彼らのマグナ・カルタはヘンリ八世に対して、彼らの陪審制は星室裁判所（Sternkammer）に対して何の役に立ったのか(11)。完全な君主の意思に対しては、結局君主自身にのみ依拠する死せる憲法なら決して保護にはならないし、君主が法律に沈黙を命令するや否や口がきけなくなる弱い法律なら決して保護にはならないだろう。しかし、君主を導きかつ拘束するのは、より繊細でありながらより強力な法律、より麗しくはあるがより恐るべき権力であり、それは目に見えないが、しかし常に至る所に存在する世論の力なのである。なぜなら世論は、君主が不正をなそうとするとき、それを妨げることはないが、君主が不正を欲することを恥によって妨げるからである。というのも、世論が恥に先行するからである。そして世論は、君主に対しても負けない力をあらゆる他の法律に与えるのである。世論が最早保護しないところでは、全ての他の保護は失われる。この世論という裁判官を恐れない者は、他のどのような裁判官をも最早恐れる必要はないのであり、これのみが専制政と君主政との相違をなすのである。というのも、君主政では世論が存在しているが、専制政では世論は黙り込むだけではなく死滅し、したがって独裁者は、彼の行為において賞賛に値することとそうでないこととの区別が奴隷(12)には最早つかないがゆえに、賞賛に値することも破廉恥なことも行うことができるからである。その限りでモンテスキューが、名誉の中に君主政の生命を見い出しているのは正当である(13)。なるほど名誉は君主政のそれほど積極的な原則ではないとしても、その消極的な原則であり、その限りですでに名誉は君主政と専制政との限界を特徴づけるのである。名誉こそ、たとえ唯一ではないとしても君主政におけるあらゆる行為および志向の原動力であり、君主政における市民的自由の唯一の確固とした大黒柱なのである。名誉は、君主が為すべきことを決定はしないが、彼が為してはならないことを行うことをしばしば妨げるのである。

すでに安定した基礎を有する分立されていない統治体制においては、陪審制がそれに対する保安手段として設けられる危険でさえ、全くもしくはほとんど存在しないか、または少なくともかなり遠くに退いている。君主の王座がいまだなお安定せず、または権力が君主と国民との間に配分されているかもしくは貴族の権利によって制限されているところでは、君主をして臣民の生命および自由に恣意的に害を加えるべく強制しまたは唆す多くの誘惑がある。前者の場合には君主固有の安全が彼をして恣意的な厳格さを強いるし、後者の場合には、君主がなお国民または国家における他の権力に打ち勝ってそれによってえなければならない征服の見込みが彼をして誘惑する。前者の場合には全てを失わない為にしばしば不正でなければならないし、後者の場合にはなお全てを獲得するためである。前者の場合には恐怖が強いるのであり、後者の場合には希望と名誉欲が刺激するのである。そのような国家において存在するかまたは常に懸念されなければならない騒乱、公然たる敵対関係において闘うまたは隠然たる敵意において打ち解けない互いに対立している勢力、対立する権利、対立する不信、対立する恐怖、嫉妬、名誉欲および所有欲、矛盾する利害、これら全てがまさに、託された権力を悪用してそれを維持または拡張するために濫用する多くの誘因なのである。デゥ・ロルム曰く：

「混合的な憲法においては、執行権の保持者には、その権利のあらゆる制限を公然たる権力で転覆しかつ一気に自らを無制約の支配者にすることは不可能である。しかし他方では、貴族の権力を制限する人民の権力は個々の臣民によってのみ活発に作用しうるにすぎない。このような臣民は、あるときは彼の訴えの公然性および烈しさによって人民に真相を教える市民であり、あるときは君主の権威の濫用に対して法律を提案する立法議会の活動的なメンバーである。かくして貴族は、このような臣民に対して彼の力を行使し、民衆の要求をその中心人物に自己の固有の意思の力を向けることによって無に帰せしめようとするのである。」

残酷な行為や恣意的な抑圧のほとんど全ての例は、その責任を見せかけだけの共和主義が非常にしばしば君主政一般のせいにしてきたものであるが、大きな国家革命に直接先行するかまたはそれに続く時代にはなくなる。というのも、そこでは、無制限の独裁はなお多数の支配と闘争しなければならなかったか、または勝利を達成した後その王位を確固としたものにしなければならなかったからである。ローマではテヴェレ川のように間断なくカリギュラ、クローディアスそしてネロと続いたことがあった。しかし彼らがそうであった理由は、ローマが君主政に移行していたがゆえであったのか、それともむしろ、これらの君主政が未だなお明確に宣言されていなかったかもしくは未だなお決定的にかつより確実に安定する結果となっていなかったがゆえであったのか。ローマの貴族が暴君であったのは、彼らが独裁者であったがゆえではなく、彼らが十分には独裁者でなかったがゆえなのである。すなわち彼らの権力が、憲法によって規定されず、慣習によって正当化されたり法律による形式によって固定化されもせず、革命的な状態において違法な不当行為の外観と合法的な支配との間で曖昧に動揺したがゆえなのである。君主政が、没落する共和政の真中に、奴隷制と同様に自由をほとんどもつことのできなかった民衆の真中に、その暴政を羨むがゆえに暴君を憎みただ自分自身の為に熱望した自由にあこがれてため息をつく共和主義的貴族の真中に、存在したがゆえなのである。貴族が、その政治的性格は無制限の支配者の力と自己と同等の者の間の最上級者の単なる優位との真中で曖昧なものであったが、自己の地位を幸運な所有の特典としてのみ見做すことができ、したがってただ権力によって自己に与えられていただけの不安定な権利を、公然とまたは隠然と主張できたにすぎなかったがゆえでもある。もしオクタヴィアヌスが、革命を自己の名誉欲のために利用したのみならず、安定した君主政的憲法によっても終了させていたとすれば、おそらく、多くの彼の後継者は、歴史は暴君として特徴づけているが、トラヤヌスおよびマルクス・アウレーリウスと並んで人類の恩人の地位に位置したであろう。たとえば征服王ウィルヘルムは、そのノルマンディにおいて賢明かつ公正であったが、他方で彼はイングランドでは、あらゆる財産および権利のずうずうしい敵として暴君的な抑圧を実行したのである[14]。というのもイングランドでは、彼の支配の樹木は未だなお彼自身の上に確実には根拠を有しておらず、したがって、不安定な土台に沈んだり暴風の力に負けないよう強固な権力で維持されなければならなかったからである。ルイ一一世はフランスのテヴェレ川となったが、その理由は、彼が指導的人物の貴族政から彼の主権の自由を力づくで奪い取り、格闘する貴族主義の廃墟の上になお君主政を根拠づけなければならなかったからであった。彼は、恣意的な裁判所によって、拷問によって、不名誉な死刑によって、なお一層不名誉な捕虜の境遇によって貴族をその思い上がりから従順な卑下した状態という骨の折れる状態へ押し戻さねばならなかったのである。要するに彼は、まさに国王になる為には暴君でなければならなかったのである。しかるに、政治的闘争が終り、最高の無制限の権力が疑いの余地なく究極的に決定的な権利で君主の頭上に置かれるや否や、君主の権力が国家の法律により決定され、憲法によって神聖化され、平穏な所有によって安定させられるや否や、君主が刑罰権を濫用するという切迫する危険も、その誘因の誘惑的な刺激と共に消滅する。なぜなら、君主はその濫用によって最早何も得ないだけではなく、多くを失わねばならないからである。君主の利害があらかじめその国民の利害に対立していても、今やその利害は国民の利害と切り離し難く一つなのである。君主は美徳の英雄である必要はなく、一般的な正義の中で彼自身の安全を知る為には、彼自身の利益を理性的に計算しさえすればよいのである。君主はすでに全てを所有しているのであるから、彼には征服しなければならないものは何もなく、彼がなお志向するものとして残っている唯一のものは、賢明さと正義という名誉なのである。その上、そのような体制においては、君主と臣民との間にはすでに、前者の高貴さと後者の下劣さによってあまりに深い割れ目が確固として存在しているので、両者の利害が容易に互いに敵対的な関係に陥ることはありえないし、司法の形式を臣民をないがしろにするために腹黒く濫用するように君主の恣意を刺激することも、ありえないのである。各個人は大衆の中で最高の意思に対する重みも影響も要求もなしに、すでにその政治的な空しさの中で、その意思を隠す暗闇の中で自己の安全の保証を失っているのである。なるほどこのことは、指導者として大衆の上に君臨し、かつ王位の近くにいる者には妥当しない。この彼らの高さが、最高神(Jupiter)の閃光をあまりに易々と彼らの頭上に注ぐ。しかし、しかしである。ベネチアの国家宗教裁判官の恐るべき権力は、貴族社会の恐怖であった。ところが民衆は、人々がこのような宗教裁判所の廃止に没頭した時に、自己に切迫する危険を声高に懸念し、かつ嘆いたのである。

その上、分立されていない政治権力の下では、陪審制が有効に栄えうるであろうような条件はほとんど発見されえない。民衆の活発な関与を直接当てにしている制度は、民衆の精神と意欲の中にのみその生き生きとした力を有しているのであるから、それなくしては、その制度は沈滞した影の生活を送りうるにすぎず、遅かれ早かれそれ自体の中へ解消するに違いない。この民衆の精神とは、陪審裁判所という制度がそこからその生命力を引き出すものであり、それは立法のどのような賢明さによっても人為的に産み出されえないものであり、また、何かある別の手段によっても強力にされえないものである。この民衆の精神とは、全ての個人が全体の中においてのみ自分自身を実感し、国家に関するあらゆることを自分自身に関することと見做す、あの公共の精神（public spirit）なのである。たとえ立憲的であるにせよ分立されていない政府の下では国家は、民衆の精神においては君主の前で消滅するのである。なぜならそこでは、公的な生活は君主の宮廷とそしてその機関として国家を管理する者の会議へと引き込もってしまい、単なる臣民の関心は、もっぱら自己および自己の近い周辺に限られるからである。公的な関心に残るものは、精々君主の威厳または名声の光輝への関心を本質とするものであり、その光輝は、人民を一面に照らすことによって同時に各個人の上にその残照を投げかけるのである。その上、そのような国家においては、あらゆる市民生活の転機は、妨げられずに儲け、安全に所有し、平穏に享受することにある。このような思考方法は、述べられてきた条件の下で至るところで経験が我々に示したように、陪審制という制度にまさに対立するものなのである。すなわち、誰でも、陪審員という公務を、特権ではなく負担の如くみなし、この公務への国家の呼出しにまさにしぶしぶ従うので、その公務を不承不承かつ冷淡に処理することになるのである。公的な事務は彼には無縁なので、今や彼は公的な事務の為にその私的な事務の一部を犠牲にすべきなのである。彼が考えることは、国家が裁判所によって彼の安全および彼の財産の安全を配慮するように、彼は税金で裁判所も支えているということである。ところが彼は今度はなお自らも、犯罪者たちに自分で判決を下す為に裁判所に座らなければならないのである。彼が国家の裁判権に期待するのは、彼の市民的な私的な平穏であるのに、国家は彼の私的な安楽を妨害する中で公的な平穏を求めて彼に依頼してくるのである。——「私をしてどうか平穏に私の仕事に専念させてくれ！　そして、あらゆる他の配慮をも自ら奪ってきた者が通常裁判所によって私および私の隣人の安全を配慮してくれ！」それゆえに市民は、陪審員として呼出しに従事するように刑罰によって強制されなければならないのであるが、かくして市民は、人が不承不承するあらゆることが処理されるのと全く同様に、その公務を処理するようになり、遂には、その制度を放棄するように国家に強制することになるのである。というのも、その制度について市民が忘れていたことは、どこかで為しうることは必ずしも至るところで為すべきことではない、ということであるから。

共和主義国家には陪審裁判所が適合しているのと同様に、立憲君主政には裁判官集団が適合している[15]。このような裁判官集団は男性が終身制で任命されている。その罷免は君主の意思に依存しているのみならず、さらに裁判官集団の判決に依存さえしている。彼らの生計は十分な俸給によって保証されており、君主はそれを一文たりとも勝手に削減してはならない義務を引き受けていた。裁判官たちは、王位に近い特権階級からだけではなく、その多数に関していえば市民階級の学識有る者からも選任される。これらの裁判官は、その判決内容に関して君主に責任を負うことはなく、彼らは宣誓して、その判決を法律および自己の良心のみに従って決定し、かつ誰に対しても有利であれ不利であれ公平に正義を扱う義務を負うのである。かくして、そのような裁判官集団によって

（以下の諸考察が示すように）、法律の強力な一貫した執行について陪審制の場合に常に行われうるよりもはるかにより良く配慮されるばかりではなく、人格的自由も、陪審制の場合に常に行われうるのと少なくともまさに全く同様に正義という保護の下に置かれるのである。陪審制の必要性を証明するために、君主がその司法官を捕らえている隷属状態および司法官が自らを不法の道具として喜んで使われようとすることを語る者は、ほとんどあらゆる立憲君主制において多かれ少なかれ完全に見い出される裁判官集団ではなく、オリエントにおける裁判官（Kadis）のことを想定したのかもしれない。そのような裁判官集団は、たしかにその成立においては君主に依存しているが、一度成立してしまうや否やその作用において独立し自立的となるのである。そのような常設の裁判官集団は、国家における正義の保護者にまで高められると、この特徴において人民の普遍的な畏敬の念を獲得し、そして世論の中で神聖なものとなるが、それはあたかも神聖なるものの保護を委ねられている守護神そのものである。そのような裁判所は、そのほかにたとえ権力をもたなくても、恭しくはにかみながら恣意を抑制するか、または勇気を奮ってその告発に対処するために世論によって強力となる。これらの裁判官たちを彼らが守る宝物の為に嫉妬深くするのは、彼らの職業の神聖さ、国民の公の信頼であり、それが彼らに正義を自己の誇りとするのであり、確固として公平さを彼らの名誉の原則とし、遂にはある団体精神（esprit de corps）を生み出して、それがまた、各裁判官の信念、勇気および意思に強力に反作用を及ぼすのである。このような裁判官集団は、絶えず公衆の目に晒されるだけで、自分自身に関して同時に公の侮辱という判決を宣告することなしには、どのような裏切りもできない。裁判官集団は、君主自身によって正義へと義務付けられており、君主の恣意的な不当な要求に屈服してはならない。さもなければ、君主自身に対する神聖な義務に違反することになり、かつより高次のより古い義務によって不服従として彼らには禁止されている服従のゆえに責任を負うだろう。各裁判官は、その意見の自由において多数によって保護されるが、その多数は国家の法律によって、その法律は君主の言葉によって保護される。というのも、君主はその言葉を、公然たる暴力によって正義に害を加えようとしないように、憎しみの気持ちを振り払うそのことによって彼自らの王位の基礎を損なったりしないように、確実に守らなければならないからである。君主は不正であっても、彼は少なくとも公正に見せようと欲するに違いないのである。裁判所構成のそのような制度の場合にも、君主は同時に不公正と思われることなしには、決して不公正たりえないのである。このような裁判官を、君主は自分の気に入らない判決のゆえに処罰しようとするであろうか。君主は、そのようなことをしてはならないと自ら述べてきているのである。君主は、その役所の各官吏を恣意的に罷免しようとするであろうか。君主は、すでに予めそのようなことを不正だと宣言してきているのである。君主は、裁判官たちに彼らの俸給から税金を徴収したり減額したりすることによって無理強いをしようとするであろうか。このようなことは、君主自身の約束によれば強盗にほかならないことになろう。それにもかかわらず君主は、誰も彼に逆らってはならないし逆らうこともできないから、あらゆることができる、というのは真実である。しかし一体どのような君主が、あたかも世論という鏡に自らの手でその国民に、「私は法と正義を踏みにじり、私自身の神聖な言葉を嘲笑した。」、とその信条をさらすであろうか。

かくして以上全てによって、十分に理解されたならば、分立されてはいないが立憲的な統治権力の下では、人格的自由は、そこでの裁判所によっては、陪審裁判所によるより危うくされる程度は低いことはないし、また、陪審裁判所によるより保障される程度は低いということもない、という以上のことは、主張されるべきではない。このことのみが主張されたのであり、それ以上でもそれ以下でもなかった！

［訳注］

（1） フォイエルバッハのこのような二分法は、「そのごの陪審に関する文献に、後のちまで影響を及ぼした。」（Schwinge,S.72、藤尾訳・（二）法政理論二五巻四号〔一九九三年〕三八五頁）、といわれている。

（2） デュポールについては、澤登佳人「アドリアン・デュポール」『〔福田平・大塚仁博士古稀祝賀〕刑事法学の総合的検討（上）』（有斐閣、一九九三年）五四七頁以下参照。

（3） デュポールは、一七九〇年三月二九日と三〇日の両日にわたって、立憲議会においてそれぞれ「司法秩序確立にかんする原理およびプラン」、「刑事および民事陪審の実施方法」および「民事陪審の実施プラン」と題する三つの報告を行った（稲本洋之助「フランス革命初期の民事陪審論」社会科学研究二〇巻三・四号合併号〔一九六九年〕三一三頁参照）。一七九〇年四月三〇日議会は刑事陪審のみの設置を採択し、同日陪審による刑事手続制定のため憲法刑事法合同委員会の設置を決定し、デュポールほか二名をこの委員会に追加指名した（澤登・前掲訳注(2)五六九頁参照）。

（4） 本来、裁判権は王の基本的職務（「裁判権はすべて王に由来する」）であるという王権理論に基づく王による裁判官の任命制と、高等法院が司法職能団体として発展するにつれ、裁判官は任意に罷免されない保証を求めたという対抗関係の展開の中で、一三四五年五月一一日の王令は、裁判官の任命方式を開廷期間ごとの任用制から終身制へと変更した（鈴木教司「フランス売官制の消長（三）」愛媛法学会雑誌二二巻二号〔一九九五年〕二～三頁参照）。

なお、「官職には売官制と叙爵制度が付着していることが前提になっている。そして、諸特権を獲得した法服貴族は、もはや、王権に従順ではなく、しばしば、その執拗な対立者となった。」（鈴木教司『フランス旧制度の司法―司法官職と売官制―』〔成文堂、二〇〇五年〕二～三頁参照）、というのである。ちなみに、官職は（したがって司法官職も）明確に財産と位置づけられ、財産は動産と不動産に二分類される。売買可能官職は、不動産に組み入れられ、売買相続の対象となった（鈴木・前掲書三頁参照）。

（5） 終身制の職業裁判官に対するこのような不信は、売官制による裁判官の質の低さとも関連している（沢登佳人「近代刑事訴訟法の真髄デュポール報告について―フランス一七九一年刑事訴訟法典提案趣旨説明の解説と全訳」法政理論一七巻三号〔一九八四年〕六四頁参照）。

ちなみにドイツにおいても、「領主裁判権は、今日の立法権・行政権をも含み、裁判手数料以外の種々の収益権を伴うものであり…、売却・質入れ等の経済的取引の対象ともなった。」という事情も、カロリーナ刑事法典（一五三二年）が適正な裁判所構成を命じ、法有識者団への一件記録送付制度を定めた背景の一つとして挙げられている（上口裕「解題―ドイツ糺問訴訟小史―」同訳『近世ドイツの刑事訴訟』〔成文堂、二〇一二年〕三四九～三五〇頁）。

(6) デュポールは、「一言でいえば、一定期間陪審の職務に従事した市民は、不正なまたは非合理的な訴訟を提起し、追行することがむずかしくなるのであろう」として、「陪審の市民教育的意義」(この点につき、本訳書〔**解題**〕注(6)参照)を前提にその司法制度改革基本要綱の第一で、「陪審によって確定された事実に基づいてそれに法律を適用することを唯一の職務とする裁判官は、国民によって一定期間(任期制)について選出されるべきこと。」、と主張していた(稲本・前掲訳注(3)三一六頁、三一七頁)。

(7) モンテスキューは、「自由な国家においては、自由な魂をもつとみなされるあらゆる人間が自分自身によって支配されるべきであるから、人民が一団となって立法権力を持つべきであろう。しかし、それは強大な諸国家では不可能であり、弱小の諸国家では多くの不都合を免れがたいので、人民は自分自身でなしえないことを全てその代表者を通じて行なわなければならない。」、「執行権力は君主の手中に置かれるべきである。政体のこの部分は、ほとんど常に即時の行動を必要とするので、多くの人よりも一人によって、より良く処理されるからである。」、と述べている(モンテスキュー、野田ほか訳・前掲第一章訳注(3)二九五頁、二九八頁)。

(8) むろん、周知のようにモンテスキューの前提は、次のような権力分立論である(モンテスキュー、野田ほか訳・前掲第一章訳注(3)二九一〜二九二頁による)。

「同一の人間あるいは同一の役職者団体において立法権力と執行権力とが結合されるとき、自由は全く存在しない。なぜなら、同一の君主又は同一の元老院が暴君的な法律を作り、暴君的にそれを執行する恐れがありうるからである。

裁判権力が立法権力や執行権力と分離されていなければ、自由はやはり存在しない。もしこの権力が立法権力と結合されれば、公民の生命と自由に関する権力は恣意的となろう。もしこの権力が執行権力と結合されれば、裁判役は圧制者の力をもちうるであろう。

もしも同一の人間、または、貴族もしくは人民の有力者の同一の団体が、これら三角権力、公的な決定を執行する権力、犯罪や個人間の紛争を裁判する権力を行使するならば、すべては失われるであろう。」

(9) 訳文は、高木八尺・末延三次・宮沢俊義編『人権宣言集』(岩波文庫、一九五七年)四五〜四六頁による。

(10) モンテスキューはその第一一編第六章で「イギリスの国制」について論じている(モンテスキュー、野田ほか訳・前掲第一章訳注(3)二九一頁以下)。

(11) アダム・スミスは、「ヘンリ八世によって設置された星室裁判所のように新しい裁判所は、前の諸裁判所の手続きにあまり注意を払おうとしなかった。それだからわれわれは、星室裁判所が存続した間、それは非常に恣意的に手続きを行ったことを知るのである。」と述べ、星室裁判所は教会に関するあらゆる諸問題を審理する高等宗務官裁判所(この裁判所もヘンリ八世によって設立されたものである)とともに「チャールズ一世の時代に、それらの訴訟手続きが変則的で不正であるという理由で廃止された。」と述べている(アダム・スミスの会監修・水田洋ほか訳『アダム・スミス 法学講義 1762〜1763』〔名古屋大学出版会、二〇一二年〕九八頁、三〇四頁)。

(12) モンテスキューは、専制国家では人間はすべて奴隷である、と述べている(モンテスキュー、野田ほか訳・前掲第一章訳注(3)八一頁参照)。

(13) ここではモンテスキューが、「名誉は、専制国家には知られず…君主国の中に君臨する。そこでは、名誉は全政治体に、もろもろの法律に、そしてもろもろの徳にさえも、生命を与える。」、と述べていることが想起される(モンテスキュー、野田ほか訳・前掲第一章訳注(3)八一〜八二頁)。

(14) スミスが引用するヒュームによれば、「彼〔征服王〕は、たとえば、自分の姉妹の息子のヒュー・ドゥ・アブリンシスにチェスター州全体を与えた」(アダム・スミスの会監修・水田ほか訳・前掲訳注(11)二六一頁注(40))、というのである。

(15) 職業裁判官に対するフォイエルバッハの以下のような楽観的な描写には、原著の公刊当時の書評において疑問を呈する向きもあったが（die Göttingische gelehrten Anzeigen,Jg.1813,2.Halbb.,S.1849〔S.1862〕）、その点については、フォイエルバッハの控訴院長としての経験の影響が指摘されることがある（Cornelissen,S.89）。

# 第三章　身分の平等性または同輩性について

なおもう一つの非常に重要な政治的な長所が陪審制に固有のものではないであろうか。その長所とは、個別のいかなる体制にも依存することなくただそれ自身の中にのみ基礎を有しており、また、たとえ政体の部分としてではないとしても君主制においても他のすべての統治形式におけると同様に統治施設として重要でかつ推奨に値する役割を果たすという長所なのであるが。陪審制の中に最高のかつ同時に一般に実施可能な制度を認めるためには、陪審制の与える長所とは臣民が自己と平等な者により裁かれるということにほかならない、という以外のことを必要とするのであろうか、というのである(1)。

もし起訴されて法廷に立ち生死に関する判決を予想することが恐ろしいことだとするなら、被告人と共通のものを何ももたない裁判官がこのような判決を宣告することができるということは、三重に恐ろしいことではなかろうか。なぜなら、そのような裁判官というのは、権力と暴力によって被告人の上に聳え立ち、上から下の者を見る者が常に行う如く被告人をそのように見るにすぎないからである。そのような裁判官は、異なる生活環境において教育され、異なる手本により育てられ、異なる立場において査定され、異なる偏見を与えられ、被告人と運命を共にせず、被告人の内的本質を把握せず、被告人の状態を自己の観点によってのみ判断し、被告人の行為を自分自身の思考方法により解明し、被告人には合わない他人の秤によって彼を測りさえするのである。陪審裁判所においてはなんと事情は全く異なることであろうか！　陪審裁判所において被告人が見い出すのは、自己と平等なもの、すなわち、被告人および被告人の境遇に近しい間柄で、疎遠さを誤解によって被告人のせいには決してせず、被告人に固有なものを何ものも見のがさず、不都合な身分の利益または対立する偏見によって判決を不当な厳しさまたは不正義へと向ける傾向もない裁判官なのである。その長所は、――たとえ君主が陪審制を廃止することができる、すなわち、君主の意志が陪審制の中に乗り越えることのできない防波堤を全く見い出すことができないとしても――それが安定しうる限り存在することができるのである！　最も素晴らしいものでさえ変化することがあるということは、我々にとってそれを全く主張しない理由とはなりえないのである。

もし私がこのような言説の基礎とされている事実を承認することができさえすれば、私はこのような言説に決定的な勝利を認めるだろう。しかし、ここで陪審裁判所にこのようにして与えられるものがその主要な長所であるなら、私が現実の中に陪審制を求めても無駄である。というのも、陪審裁判所に以上のような長所を与える立法が、陪審裁判所に少なくともそれよりはるかにより大きな短所を購うことなしにそもそも成功しうるかを、私は疑うからである。

陪審制が、支配者の独裁の恐れに対する対抗物として、ただ支配者だけに関係させられる限りでは、単なる臣民という地位がすでに身分の平等性を決定する(2)。しかし、上述の言説によって陪審制に帰せられるものが保証されるべきだとすれば、身分の平等性ということははるかにより狭い限界へと閉じ込められざるをえない。国家に貴族が存在すれば、とりわけ貴族階級は自己の貴族陪審をもたねばならず、貴族でない階級は、同じように市民的身分である人々によって裁かれねばならないのである(3)。しかしその際、我々はなおそこで立ち止まってはならない。国家の体制が市民の間につくる相違だけが、風俗、思考方法、意見そして関心において市民を分け隔てるのではない。生活様式、職業、教育、財産もまた、まさに非常に大きなしばしばなお一層高く深く基礎づけられた障壁をなすのである。都市市民は、農民とは全く異なる環境、全く異なる活動仲間の中で生活しており、農民とは教育、観念、偏見、娯楽、欲求、関心が異なる。かくして陪審制において身分の相違の調整が探究されるとき、都市市民が農民を自分と平等の者の代わりだと認めることはほとんどできないと同様に、農民も都市市民をそうと認めることはほとんどできないのである。――イングランドでは兵士は市民の裁判所で裁かれる。というのも、イングランドではあらゆる市民的な事柄において市民の裁判所において市民だけが再び見い出されるからである。――それは立派な理念であるが、ただ、それには一つだけ欠点がある。すなわち、それは真実の前では最低に見積もっても他のあらゆる法的虚構以上のものを意味しないのである。一体、人間を分け隔てるあらゆるものの中で、兵士の身分ほど容易に他の市民にとって疎遠となる身分があるだろうか。兵士にはその固有の名誉と恥の作法というものがある。この唯一の相違がすでに、兵士をただそのより親密な同輩の判決に委ねるのに十分である。――さらに、学識ある身分に属する者が教養のない職人や農民を、反対に職人や農民が学者を、自己と同等の者と見做すことができるだろうか。(両者の) 観念、意見、慣習そして感覚のいかに異なることであろうか！　前者にとって不名誉な多くのことが、後者にとっては (賞賛に値することではないとしても) 少なくともどうでもよいことなのである。前者を鼓舞するものが後者を無関心たらしめる。前者が切望するものを後者は軽蔑する。後者が見るものが前者には見えないのである。前者が多くのものを見るところで、後者は何も見ていない。農民はお人よしにも学者をより高尚な性質の人間のように仰ぎ見るが、学者は自惚れて多分、農民を奴として軽蔑するにすぎないのである。奴は学者と比べられると、オランウータンより若干優れているだけだというわけである。さらに、学識のある者とない者、教養のある者とない者との間の相違が、国民の間の成人とそうでない者との間の相違と本来全く異ならないということが真実とするなら、たとえ成人でない者を裁くことが成人に許されているとしても、成人に関して少なくとも完全に有効な資格を有する判決を行う能力は成人でない者には許されえないだろう。というのも、成人である者が、そうでない者の所まで降りることは十分に可能であるが、成人でない者が成人の観念の高みにまで至ることは可能ではないからである。――

私は宗教の相違について何も語らず、また、ここでは、幸運の不平等が生み出しそれによって富の貴族制を根拠づける相違についても（その相違は概して他の何よりも鋭いものであるが）沈黙している。上述したことで、かの理念が首尾一貫して実施されるべきとすれば、それがどういう結果になるのかを示すのに十分なのである。しかし、この理念が何を要請するのかを現実に描写するこの首尾一貫した遂行は、すでに上述の説明された例の中で示される限りでの身分の平等という命題、すなわち、貴族は貴族によって、市民は市民によって、農民は農民によって、兵士は兵士によって、学者は学者によって裁かれる、という要請に至るだけではない。これら貴族、市民、農民、兵士、学者という本幹は、また、各々その分枝をもち、そしてその分枝は、あの本幹自体とまさに同様に、しばしば決定的に互いに分かれるのである。スームや人間およびその歴史の観察者が認めていることとは、その主たる教義において互いに最も似ている宗派がそれにもかかわらず互いに最も鋭く区別され、最も辛辣に憎みあい、最も激しく迫害するということであるが、そのことは、同一の主たる身分の中の多くの個別の階層の関心の分離および思考方法の相違にまさに非常に多くの正当性でもって適用されうるのである。我々は、たとえば古い貴族を新しい貴族に対する関係の中で観察する。古い貴族は、市民階級を無関心という軽蔑でもって侮るにすぎないが、新しい貴族に対するその軽蔑は憎悪と綯い交ぜになっているのである。というのも、この新しい貴族は古い貴族との平等を要求し、かつ、古い貴族をして絶えず自分もまた昔は新しかったということを思い起こさせるからなのである。かくして立法者は、身分の平等ということによって意図される意見および考えの同質性が、その本質的な点のみにおいてにせよ達成されるべきとすれば、身分および身分の階層を注意深く区別し、各々の身分および身分の階層を、その固有の陪審に委ねなければならないことになろう。しかし、いかなる国であれその陪審裁判所が我々にとって模範として役立つ国の中で、その立法において陪審員と被告人の間のそのような身分の平等という根拠薄弱な幻影以上と我々に思われるものが唯の一つでもどこにあるというのだろうか。たしかに我々はイングランドにおいて見るが（というのも、陪審制が話題になるところでは、とりわけイングランドが挙げられなければならないから）、ここでは我々は、その国の同胞がその同胞によって裁かれるのを見るにすぎないのである。しかし他の階層は、自然および市民的状態が彼らを区別してきたかもしれないあらゆる相違があっても同胞として同じ仲間の下に置かれているのである。したがって、その限りで、明敏な政治家がイングランドの陪審裁判所に対してなした非難が十分に根拠づけられるのである。すなわち、その政治家曰く：

「同胞によって裁かれることの貴重極まりない利点、つまり、互いの置かれている状況が同等であるために、自分の方が劣っていると感じることによる相手に対する羨望や、自らの方が優れていると感じることによって生み出される軽蔑とは無縁でいられる者たちによって裁かれるという利点は、イングランド法においても、不完全な形でしか存在してはいない。イングランド政体においては、二種類の人々の区別しかないのである。すなわち、一つのグループは王国貴族らであり、二つ目のグループは、王国貴族に含まれない全ての人々である。それゆえに、法律上、貴族の子弟は、商人や芸術家に並び置かれる。しかし法律が、理想の平等理念によって貴族の子弟と商人・芸術家とを近づけようとしても、それは無駄である。法律が彼らを同じグループに入れても、それは無駄なことである。彼らの利害関係・意見・偏見・習慣の違いが、彼らを絶えず引き離している。彼らは顔をあわすまでもなく、また、話を聞くまでもなく、互いを判断してしまう。というのは、彼らは同じ目を持たず、同じ言葉を有していないからである。そして、極めて異なる立場にある者たちであるにもかかわらず平等とされていることは、あまりに根拠に欠けており、有害な帰結がもたらされないとしても、滑稽なことになりうる。」

我々がイングランドにおいて気付くのと同様のことないし類似していることを、我々はフランスにおいても見い出す。フランスのどこにも中途半端に実行されたにすぎないあの身分の平等性すらないのである。その平等性を抜きにしてあの完全な賛美は、あらゆる関係において話者の熱中以外の根拠を全くもたない空虚な言葉の響きの中へと消えてしまうが、その言葉はその話者が、自己の悟性によってその対象の行間を読み取り、自己の空想によって初めてその中に書き入れたものなのである。

「それはやはり立法者の過誤にすぎずそれ自体の欠陥ではない、と人は異論を唱える。それ自体の欠陥とされるとき、過誤でないものが生じるかもしれないのである！　われわれがゲルマンの森におけるわれわれの先祖の賢明な制度へ戻りさえすれば！　われわれは、彼らの理念をわれわれの体制および市民生活という変化してきた状態に従ってより完全なものにし、かつ、われわれは、平等な者をあのより厳格な意味においてその者と平等な者によって裁かしめるのである！」

しかし私が懸念するのは、イングランドおよびフランスの立法者がここでは、近視眼という非難ではなく賢明さという賞賛に値するのではないかということなのである。なるほど、そのような身分の平等性は、厳格に実施されると陪審制のあの有名な長所を保証するであろう。しかし、たとえそれが完全に実施可能であるとしても、それはより高い見地からして、かつ、それだけで非難すべきものとなろう。

上述してきた意味での身分の平等性は、なによりもまず、厳格な正義という要請に矛盾する。正義が自らを表現する最高の要請は――公平さである。すなわち、裁く者の心は、その中立性によって、一方の者の利益と他方の者のそれに、攻撃する者の利益と攻撃される者のそれに、原告の利益と被告人のそれへと、平等に配分されるのである。正義のシンボルは秤である。というのも、秤の指針は真中に位置して、秤皿の一方、または他方に乗せられて計られる対象物の重量に従ってのみ右または左に傾くからである。立法者が刑事事件において手続を行うとき、立法者においては賢明さがなお特別な要請を行う。すなわち、立法者は注意深く攻撃および防御の力を平等に配分し、攻撃する者により強い武器もより弱い攻撃の武器も与えないのと同様に、防御の武器を攻撃される者に与えることはないのである。人間というものには権利があるが、国家にも同様に権利がある。ところが被告人に、その被告人と私が上述してきた厳密な意味で同等な身分の者だけが裁判官として与えられると、判決は、まさに身分の平等のゆえに被告人の利益に特別にひきつけられ、国家に反対して、保護者およびパトロンとして被告人に味方し、それゆえに、有罪を言い渡すよりはむしろほとんど常に無罪を言い渡しがちである人間の宣告に委ねられることになるのである。人間の利己心は、至る所に向かってその枝を広げてきている。人間が他者の中にその固有の自分の小さな部分だけを見い出すところで、——そして、その身分はまさにその最小の部分ではない——まるで人間の己惚れた像を自分に反射する鏡に向かうように、人間の偏愛は贔屓をするのである。このことは、同一の身分の者の裁判所では、同時にその身分の関心またはこの身分の先入観が真実および正義と矛盾に陥ったときに、奇妙な言明の中に表現されるだろう。ローマの裁判所において貴族のみが法廷を占めたとき、その州の略奪につき訴追された貴族はその罪を問われず、そして騎士が貴族を法廷から追い出したとき、いかなる州も騎士の身分を有する者の強盗に対して、もはや正義を見い出すことはできなかった。イングランドにおいても同様に、ユダヤ人の虐待のゆえに訴追されるキリストを、明らかに疑問のない行為についてさえ、キリストの同志の裁判所は稀ならず罪とならずと打ち切るのである。たとえば、古い貴族の陪審は、その身分の同志の一人を共同体の安価な身体（vile corpus）に対する犯罪のゆえに裁くべきとき、弾劾するよりもはるかに無罪としがちであろう。さらに誰でも概して、その身分の同志の一人にふりかかる恥をその身分それ自体にとって不名誉なものと見做す。というのも、その固有の人格が少なくとも間接的にその不名誉に関与せざるをえないからである。たとえば、素晴らしい名誉の純粋さをとりわけ誇る身分は特に、絞首刑に値するその仲間を自業自得である絞首台での非難をする傾向があるとされるよりもむしろ、罪とならずと宣言するだろう。かくして、身分の自由な特権という原則は不正義と党派性の真の原則なのである。したがって、被告人に与えられるものが、原告または侮辱された者から奪われることになり、見せかけの平等性が決定的な不平等を含むことになるのである。

もし人が、身分の平等の一面的な原則によって帳消しにされた平衡を、いわば再びつくり出したいのであれば、陪審裁判所の構成は、その半数は被告人と同じ身分の者から、他の半数は原告と同じ身分の者から、または公的な原告のみが登場する場合には犯罪によって侮辱された者と同じ身分の者から、構成されなければならないであろう。それは、訴追された外国人を裁くいわゆる外国人事件特別陪審（Jury de medietate）[4]が、その半数はイングランド人から、他の半数は被告人の出身国の外国人から構成されるイングランドにおけると同様である。

しかしながら、この分割された身分の平等は、いずれにせよ私的犯罪についてのみ実行されうるのであり、国家犯罪については実行されえないであろう。国家や国王は、一体どこにその同輩をもっているというのか。その上、そのような構成の場合には分割された身分の利益および見解の対立が裁判所自体の真っ只中へと移されることになり、そこでは非常にしばしば党派に別れての投票（itio in partes）がその結果とならざるをえないであろう。したがってそれは、より弱い者をより強い者の意見の方へと結局必然的に引きずって行くという強力なイングランドの（――飢えと渇きという――）魔法の力という以外の他の調整方法によっては、ほとんど解決されえないかもしれないのである(5)。

以上で示されてきたことは、陪審制は完全な身分を同じくする同志という理念と調和することはできない、ということである。それどころか、陪審裁判所が安定性を要求し堂々と自己を主張すべきだとすれば、陪審裁判所は他の関係では身分の不平等という原則に基づかねばならない、ということすら判明するのである。

公的な利益、すべての者の安全そして訴追された者の運命が陪審員の手に委ねられる。しかし、そのために国家が陪審員について前提としなければならない全体の禍福に対する公平で生き生きとした関心は、あらゆる臣民から同じ程度には期待されえず、その私的な関心が公的な利益と最も厳密に結びつけられている者からのみ期待されうる。というのも、蔓延する犯罪の撲滅の如き公共の安全という善行は、そのような者にこそ、最も切実で最も重要な影響を与えるからである。一般に、下層の者はその下層であることによって、貧しい者はその貧しさによって無数の犯罪から守られる。乞食は燃え上がる都市を無頓着にも冷静に通行する。さらに、生きるのに僅かばかりでも自己の必要な需要の充足を苦労して入手しなければならない者には、その他のより高尚な心づかいの余地などないのである。外的な品位の下落はあまりにもしばしば精神の下劣さを生み出し、かつ、自己の運に不満であることは、他者に対する冷酷な無関心を生むのである。絶え間なく続く運命の重たい圧力は精神の自由を萎えさせ、魂を鈍感と野蛮さへと沈めてしまう。したがって、有罪・無罪によって生死に関する決定をするための法的能力が、全ての臣民に一様に与えられるべきとすれば、刑事裁判権から生じざるをえないものはなんだろうか。より良い者は遠ざかるのに、国民の中の最もいかがわしい者どもが裁判所に席を占めることになろう。下品で思慮分別のない、全ての善きものに無関心な下層民が正義という最高の利益に関する決定をすることになり、陪審の判決はたいていは下層民の知力および信念の宣告となろう(6)。国民の意見は、あらゆる事柄において外部的な外観および尊大な外見によって決定されるのである。国民は、力の程度およびその力を配分する幸運の程度に従ってその尊敬の程度を測り、そして運命が下劣さと貧困をそこから配分する秤皿に、軽蔑と無関心をおまけとして付け加えるのである。したがって、諸君が他の鋭く特徴づけられるあらゆる制限なしに陪審員を選べば、諸君の制度は全ての内的な価値、全ての信頼、全ての尊敬を失い、こうして、国民の意見に基づかずにそのより確実な憩いの場所をもたないあらゆる国家的制度と同様に、自らに抗う理論の悲劇的な記念碑として瓦礫の中へと沈んでしまう。

一七九一年に立憲議会によって陪審制が初めて導入されて以降のフランスの裁判所の歴史ほど、このような一般的な言説の明快な保証として役立ちうるものはない。一七九一年九月一六日のフランスの法律および共和暦四年ブリュメール三日の法律によれば、陪審裁判所への被選任権は、一五〇日労働日に値する年収を伴う土地所有等々に制限された。しかし、そこでは被選任権のこのような規定はあまりにも広い範囲を画したので、その制限はただ見かけだけのもので、全ての者が例外なしに選任されえたであろうというように機能したのである。フランスにおいては一五〇～二〇〇フランという額の収入は、家族を有する一人の人間を養うには全く不十分であり、そのような人間は苦労の多い仕事によって生活費のために自分に欠けているものを補わなければならない貧乏人に常になお数えられるべきなので、その結果は、ブルギギョンが述べているように、陪審員の多数は概して、乞食同然の者から成り立ち、彼らに出された問題をほとんど理解せず、怖気づいて互いに矛盾する解答を与え、彼らの公務を極度のぞんざいさで処理し、常に彼らの時間の浪費に苦情を述べ、その上、非難、誘惑および買収を受け入れやすく、結局、あらゆる単なる政治的違警罪、国家財産に対する重罪そして私有財産に対する公然たる侵害でさえ擁護したのである。全てのフランスの文筆家、陪審裁判所の会議において議長を務めたことのある全ての裁判官、フランス国家の全ての上席の司法官庁は、フランスの陪審裁判所が為し、かつ、国民の下層階級および財産のない者を陪審員として許容したことが異口同音にその主たる原因に帰せられる司法の惨禍の列挙において一致しており、それは枚挙に暇がない。司法大臣でさえ共和暦一〇年にとりわけこれに関して以下のように述べた。

「一七九一年九月および共和暦四年フリメールの法律は、時代の環境および流行の理念に譲歩せねばならなかったのだ。それゆえに、両法律は、全ての選挙権のある市民を陪審員の職務に招聘し、そしてその結果、一五〇〜二〇〇フランの年収または一〇〇〜二〇〇フランの賃貸料が市民を陪審員になることを可能にしたのである。しかし、奔放なポピュリズムによってすでにその基礎において欠陥のあるものとなった創造物の結果は、いかなるものであったか。陪審員の最大の局外者の部分は、しばしば全く無知であったので読み書きができなかった。この無知が、彼らの無能さの感覚で満たされ、かつ、自分自身の意見を全く持てずに、陪審員の一番目に優れた部分の餌食となったのだ。というのも、その部分こそ陪審員たちをわがものとせざるをえなかったからである。」

以上のこと全てから明らかになることは、賢明に組織された共和国においては、国民の支配が下層民の支配によって排除されないように、国民における最下層の者は国民議会における投票権から排除されるべきであるように(7)、陪審裁判所への被選任権も、国民のより良い部分、言葉の古い本来の意味での名望家における特定の身分に制限されなければならない、ということである。

どのような市民階級が、他のあらゆる者を排除して裁判所の席に招聘されるべき名士として特徴づけられるべきか、その限界がどこに引かれるべきかということのみが重要であるにすぎない。

これまで知られている立法は、これにつき我々に主として二つの方法を示す。――被選任権を国家における一定の身分に結びつけるか、または、一定の財産の所有に結びつけるか、ということである。私はさらに後で、第三の混合的な方法について語る機会を見い出すであろう。

まず第一にあげられる方法は、我々が主として古代ローマの裁判所構成において見い出すものだが、その方法によって除去されるべき短所と同じように有害である。それは、はるかにより高いより一般的な目的を破壊することによって、その二番目の目的を達成するのである。その際、陪審裁判所のあらゆる長所は失われるのに、その全ての短所はそのままなのである。その特別の身分によって排他的に陪審裁判所の席に就く資格を与えられる者は、他の市民に対するその本来の特権と共に、その特権に依存しているなおもう一つの力を、他の市民に対して獲得するのである。非常に優れた身分は、その仲間の市民にはあたかも生まれつきの血に飢えた裁判官のように眼前を逍遥する。というのも、その身分がすでに彼らにその為の排他的な権利（――たとえこの権利の実行がなお特別な選任または籤による決定に依存しているとしても――）を与えているからである。かくして国民の半数は特権によって他の半数から特徴づけられるが、その特権は特権のある者を特権のない者に負担を負わすまさにそれと同じ程度において有利に扱うような敵意に満ちているのだ。というのも、陪審裁判所の名士のみが彼らが訴追されれば自分と平等の者を裁判官にもち、その身分によって名士から排除される他の全ての者は、同様の事件において自分と平等でない人格を自分の裁判官について認めなければならないからである。かくして、国民の一部分は、自己と平等な者による有利な保護に置かれるのに、その他の部分は、より高い市民階級の無慈悲な峻厳さまたは不公正な身分的党派性に委ねられることになる。したがって、そのような制度は真の司法貴族制を根拠づけることになり、陪審裁判所の精神と本質に全く矛盾するものなのである。

それゆえに、第二の方法が提案され、その財産によって国家の利害に特別に結びつけられる市民が、それだけで被選任権があると宣言されなければならないことになろう。その際、人は喜んで、土地所有にのみ注目するイギリス人の狭い見解を乗り越えるであろう。商人、工場主、資本家は、すでにブルギギョンが正当にも気づいているように、彼らの動産の維持のために、彼らの営業の幸運な発展のために、単なる土地所有者と同じくらい、多分なおそれ以上に公の平和を必要とするのである。重要なことは、財産の額の決定において、正しい額を決定し一方においてあまりに多くの人々を排除したり、他方において排除される人々が少なすぎないようにする、というだけなのである。

たしかに、この第二の方法は、一致した見解では第一の方法に比べて優れていることは勿論である。しかし私にとっては、あらゆるこれらの長所は、この制度を支えている原則の前で消滅してしまう。財産のある富める者が、貧しい者の生死に関する、貧しい者の隷属と自由に関する生まれながらの裁判官なのである。

財産の不平等は、市民的身分という単なる不平等とまさに同様に鋭く人間を区別し、地位や名誉という単なる相違よりはるかにより大きな隔たりを、財産の不平等に伴う自然の従属性によって根拠づけさえする。裕福で富に恵まれている独立および支配の意識は、容易に専制という結果を伴うが、それは最も効果的かつ遍く承認されている感覚に基づいているので、概して他の何よりも抑圧的かつ高慢なのである。裕福で富める者が、軽蔑的な高慢さで貧乏人を蔑むのが常であるように、後者は前者を妬み、かつ、憎々しげに視線をやるのである。というのも貧乏人は、裕福で富める者の中に稀ならず自分を抑圧する者も見い出すからなのである。したがって、裕福で富める者のみが陪審員に任命されるとすれば、裁判所においては、位階という貴族制が財産の貴族制と取り換えられるにすぎず、よりましなより穏やかな貴族制が、はるかにより陰険でより抑圧的な貴族制と取り換えられるにすぎないのである。

しかも、第二の方法によって設けられ法律にまで高められた、市民の半数と他の半数との間の不平等は、市民のどの階級が最も多くの犯罪者を国家に提供している階級であるかということが考慮される場合には、それだけ一層奇妙となる。裕福な者が、欲求、魅力そして機会を通じた自己の幸運によって大部分の犯罪にまで至るであろうか。それとも、むしろ下層の者や貧しい者が教育において放置され不幸によって不安にさせられ、困窮によってやむなく欲求の圧力に負けて、無数の犯罪への刺激に無防備にも晒されていはしないか。すなわち、すべてを平均して考えれば、市民大衆は二つの大きな部分に分けられるのであり、その一方は裁く側であり卑しい犯罪を必要とするにはあまりにも幸福な市民から成り立ち、他方は裁かれる側であり運命の悪意がその意思の堕落の結果犯罪へと陥る以上にしばしば彼らを犯罪へと導く市民を含んでいるのである。

そして一体立法者は、裕福で富める者について、陪審裁判所が主な長所として飾り立てるべきあの公平さを、特に期待できるであろうか。貧乏な者は、自分の裁判官として財産のある貴族のような者に、心から信頼して近づくことができるだろうか。貧乏な者は、我々が一般に陪審裁判所を非常にほめたたえる、あの共感と人間性をそのような裁判官に望めるだろうか。我々がさげすむ（貧乏な）者にとっての共感が、どこにあるというのか。概して裕福な者は、貧しい者を、彼の財産を妬むばかりではなく、可能ならばそれを危殆化もする彼の生来の敵とみなさないであろうか。そのことによって、裕福な者は貧しい者に対して、少なくとも間接的に自分自身の事件における裁判官とならないであろうか。したがって裕福な者は、概して、強盗または窃盗で起訴されている者を、責任がないと考えるよりは一層、その者を罰するかまたは少なくともその行為を実際よりも不当により厳しく判断する、という傾向とならないであろうか。フリードリッヒ大王は、窃盗に対して設けられた死刑をきっかけに、「窃盗に対する法律さえ見れば、それが金持によってつくられたことが分かる。」と述べたことがある。我々が、被選任権が財産によって規定されている国家において、陪審員の判決を見てそれは自分たちの利益を守るために宣告されるものと見做すと稀ならずいわれれば、人間性は自ら否定されざるをえないだろう。

したがって、行為を裁く者が被告人の状態を生き生きとよく知っており、自分自身の状態と平等であるがゆえに被告人の思考方法と感じ方を最も正しく理解しようとし、それゆえに被告人を最もよく理解し最も公正に判断もできるということが、主たる長所として陪審裁判所に帰せられるとすれば、そのような制度についてあの長所を陪審裁判所の中に再び発見するためには、とどのつまりは最も大胆な法的虚構が必要なのである。裕福で富める者は、概して、下層階級で貧困な身分に生まれた人間よりも全く異なる教育と教養を受けてきているのみならず、その生活様式によっても、心も軽く、かつ、柔軟な頭脳で、他の者にとっては常に未知であるに違いない世界と人生に関する観念をも獲得する。さらに、境遇の平等性、感覚、欲求そして心配ごとの平等性ないし類似性はどこにあるのか。一方の気楽さに対して他方では不安にかられた争い、一方のおそらく贅沢さに対して他方ではおそらく最低の必要物さえ不足している！　裕福な者は、飢え続けざるをえなくならないように窃盗を行う貧乏人の心情を生き生きとした観察で理解するために、飢えたことがあるだろうか。冬の厳寒の中で裸の飢えている自分の子どもたちを見捨てて、白昼の街道で旅行者の胸に震えながら拳銃を突き付ける父親にとっていかに勇気のいることかを、裕福な者は、立派な身なりで快適に暖房が効いていて豊かに並べられたテーブルで知るだろうか。裕福な者は、その裕福さが彼を変えてきていれば、おそらくそれを知り、それを感じるだろう。しかし裕福な者は、少なくとも上記のような知識も感覚も身分の平等性のお陰を被っていない。そして裕福な者は、そのことを法学識のある裁判官以上に知り、かつ感じることはない、ということは確かである。というのも、法学識のある裁判官も、人間性がそもそもその裁判官にとって疎遠となっていなければ、そのことを知りかつ感じることができるからである。

フランスの偉大な皇帝は、陪審制の理念の中にも非常に多くの美しく、かつ偉大なものを認めたので、フランスにおける陪審制にこれまで付随してきていた害悪と危険の中に、従来の法律と制度の欠陥についての証拠以上のものを発見した。彼の包括的な悟性は、経験が一般に十分に示してきていたあらゆる帰結の重要性を完全に評価したが、しかし、その英知は同時に彼に、その吟味が異論なく、件の害悪が単に偶然的な改善可能な欠陥の中ではなくそれ自体の中に根拠を有することを証明しない前に、それ自体美しい制度を落胆して性急に断念しないよう警告した[8]。したがって人々は、刑事手続に関する法律の新しい改革の際には、陪審制を――改善するというのではなく――断念はしないという原則から出発した。新しい企画の起草者たちは、以前の立法の主たる欠陥を、夥しい形式性、特別な起訴陪審および陪審員に提起されるべき事実問題の増加の中に、そして結局主として被選任権の大拡張の中に見い出した。したがって、最後の観点においてフランスの刑事訴訟の新しい讃美者が規定したことは、陪審員は、以下の①~⑦からのみ採用されてよいということである：①選挙団の構成員、②県に住所を有する多額納税者三〇〇人、③皇帝により任命される行政職の公務員、④法学部、医学部、理学部および文学部の四学部の一つもしくは複数の博士もしくは学士、政府によって認められた研究およびその他の学会の構成員およびそれに準ずる者、⑤公証人、⑥第一級および第二級の営業税のいずれかを支払っている銀行家、両替商、仲買人および商人、⑦少なくとも四〇〇〇フランの棒給を受ける行政庁の職員。――「①~⑦に該当しない者が、陪審員の職務を遂行する名誉を認められたいと望むときは、知事に請求し、かつ知事が申請者の報告について有利な情報を得て、それを内務大臣に送り、大臣がこれについて認めた後に、その者は候補者名簿に加えられるべきものとする。知事は、同様に、職権で大臣に提案することができるものとする。」[9]。

このような方法で法律は、国民の中の最も分別のある者、最も教養のある者そして最も裕福な者のみを、陪審員の職務に招聘しその職務を一種の名誉職へと高めるが、それは（陪審員職から）排除される者の嫉妬心を掻き立て、そして（陪審員職に）選任された者を名誉心によって鼓舞して自らをその職務にふさわしい者にするのである。

このような規定が最も惨めな経験によって大いに強要され、賢明にも注意深く大いに比較検討されているが、しかし陪審制の擁護者は、とりわけその民衆的側面を理解し、身分の平等性およびそこから明らかになるものの中にこの制度の輝ける長所を見い出すのだが、その理想をなお一気に再び悟ることはほとんどないだろう。間接的にせよ直接的にせよ、公務を通じてまたは昇進を希望することによって政府に依存しているまさにそのような市民がとりわけ最も品位のある者と特徴づけられるという事情、さらに、政府が陪審員の態度、したがってその判決（それはその態度の最も高潔な部分なのだが）を一種の監視下に置くという事情がすでに、政治的観点における陪審制に対するあの讃美者が要請しなければならないと信じている第一のものに矛盾するのである。しかし、我々がほかに何もその要請に認めようとしないとしても、我々は、その讃美者たちが十分な根拠をもって身分の平等性を欲しがる理由を、大いにその要請に認めざるをえない。というのも、人がいうように、ここまでの我々の研究の対象がその評価であった陪審制の大きな主たる長所はその身分の平等性に基づいているからである。なぜなら、上述したフランス法は、身分と財産という二つの原則の結合による被選任権のみを規定しているからである。したがって、この二つの原則の各々について各別に述べられてきたことは、両者の混合についても妥当する。すなわち、国民の一部分が、単独で裁く他の部分に委ねられ、それゆえに、後者は陪審制の中に同身分の者を見い出し、前者は反対に少なくとも大多数の場合には、身分、財産、境遇、風習そして思考方法が自分と全く似ていない裁判官の前に引き出される、という方法にも妥当する。このことは、新しいフランスの法律によれば、この法律がはるかに僅少のおそらく全国民の二〇〇番目の部分のみを選任のために招聘し、それゆえに、市民の明らかに少数のみが陪審制の主たる長所の恩恵に与るのに、市民の最も明白な多数はそれから排除されることが確かであればあるほど、一層決定的に際立つのである(10)。

以上を要約すれば、その結果、以下のジレンマが明らかとなる。すなわち、陪審制について、完全な身分の平等という原則が貫徹され、かくして陪審制は正義の諸原則に反するばかりではなく有害で実現不可能となるか、または完全な身分の平等という原則は、陪審制についてはどうしても適用されえないので、それは他方、陪審制が公民の一部分に、それが公民の他の部分には専ら与えるのと同じ長所を与えないことによって、たちまち不正義に陥る、というジレンマなのである。

［訳注］

（1） フォイエルバッハはこの「第三章」では、「陪審制では個人は自己と同じ身分の者によって裁かれるがゆえに、陪審制はいかなる国家形態とも無関係に推奨されるべきである、という当時大いに擁護された見解」(Cornelissen,S.92）に、立ち入った考察を加えている。当時、「陪審制のこの長所は非常に大きいので、陪審制はその他のあらゆる疑念にも関わらず、非共和主義国家においてすら推奨されるべきである」(Cornelissen,S.93)、と主張されたのである。

（2） モンテスキューも、「裁判役は被告人と同じ身分の者つまり、同格者（同胞）であることさえ必要である。それは被告人が自分に暴力を加えそうな人々の手に委ねられていると心中で思うことがありえないようにするためである。」（モンテスキュー、野田ほか訳・前掲第一章訳注(3）二九四頁）、と述べている。

これに対して、ベッカリーアは、「あらゆる人が、自分と同じ身分の者たちによって裁かれると定めた法律はきわめて有益である。なぜなら、市民の自由と財産が尊重されているところでは、不平等な状態にまつわる感情は沈黙していなければならないからだ。恵まれた人間が不幸な者を見下す優越感、あるいは目下の者が目上の者を見るときの憤り、こういった感情は、そのような〔あらゆる人が自分と同じ身分の者たちによって裁かれる〕審理においては出番がない。」、と述べる一方で、「ただし、犯罪が第三者に被害を与えるものであるときは、判事団は、半分は被告人と同等の身分の者、残りの半分は被害者と同じ身分の者で構成されなければならない。このようにして、あらゆる私的利害関心の間に釣り合いが取れることになり、期せずして事件の外見も修正されることになるだろう。そうすれば、その場では、ただ法律と真実だけが語るようになるだろう。」(チェーザレ・ベッカリーア、小谷眞男訳『犯罪と刑罰』〔東京大学出版会、二〇一一年〕四七頁)、とも述べている（なお、ベッカリーア、風早八十二・五十嵐二葉共訳『犯罪と刑罰』〔岩波文庫、初版一九三八年、第五九刷、二〇一四年〕四四〜四五頁、黒須純一郎『チェーザレ・ベッカリーア研究：「犯罪と刑罰」・「公共経済学」と啓蒙の実践』〔御茶の水書房、二〇一三年〕六一頁、佐藤晴夫訳『ベッカリヤの「犯罪と刑罰論」』〔矯正協会、一九七六年〕一〇四～一〇五頁、ベッカリーア、風早八十二訳『犯罪と刑罰（封建的刑罰制度の批判）』〔刀江書院、一九二九年〕三六～三七頁参照）。

このようなモンテスキューとベッカリーアの違いを、フランスとイタリアの違い、あるいは『法の精神』（一七四八年初版）と『犯罪と刑罰』（一七六四年初版）の違いから説明することも可能であろうが、最近、ベッカリーアには経済学ないし社会思想という観点からの新しいアプローチが生じている。すなわち、ベッカリーアには、「近代的個人によってつくりだされる新しい社会秩序の形成と維持の論理」（堀田誠三『ベッカリーアとイタリア啓蒙』〔名古屋大学出版会、一九九六年〕）ないしは「ベッカリーアに旧体制批判の側面と近代社会の秩序形成の側面とがある」（京藤哲久「ベッカリーア研究の現段階」東京刑事法研究会編『啓蒙思想と刑事法　風早八十二先生追悼論文集』〔勁草書房、一九九五年〕八五頁）、というのである（なお、風早八十二「牧野法学への総批判（試論）（11）」法律時報五一巻一号〔一九七九年〕一二九頁、黒須・前掲書三二四頁以下参照）。

フォイエルバッハはすでに「第一章」において、「陪審裁判所は一般的に考察された場合、官吏としてではなく私人として被告人を裁き、そして、市民という単なる資格は被告人と共にその者にとっても共通であるがゆえに被告人の同輩、被告人と同じ身分の者と称しうるような、被告人の仲間のみを必要とする。」（本訳書第一章）、と述べていた。

（3）　フォイエルバッハはまた、「ある国家において、すべての者に共通である市民という身分が、法的なまたは政治的な相違によって区別され、かつ同時に独自の身分の利益によって互いに対立させられている特殊な市民の身分へと再び分裂させられると、市民は市民というものの中だけでは自己と平等のものを見い出さない。」（本訳書第一章）、と述べていたが、当時、有力だったのは、「身分の平等という原則によって意味されるのは、被告人と陪審員の政治的平等である。したがって、政府によって任命される公務員たる裁判官は決して刑事裁判官であってはならない。」、という主張であった（vgl.Schwinge.S.16、藤尾訳・（一）三九二頁下段。なお、後掲訳注(10)参照）。もっともその後、ヘーゲルはフォイエルバッハのような考え方に反対している（ヘーゲル、長谷川宏訳『法哲学講義』〔作品社、二〇〇〇年〕四四六～四四八頁参照）。

(4) これは一九一四年に廃止された（田中英夫編集代表『英米法辞典』〔東京大学出版会、一九九一年〕二四三頁）。

(5) 「陪審が評議に達するのを促すため、評議に達するまでは水とパンを与えないものとされて、これに反して水や食物をとった陪審員は処罰された。このような取扱いは一八七〇年まで行われていた。」（最高裁判所事務総局刑事局監修『陪審・参審制度　英国編』〔司法協会、一九九九年〕七頁）。

(6) フォイエルバッハのここでの議論は、後のマックス・ウェーバーの主張を彷彿とさせるものがある（「彼〔ウェーバーのこと―福井注〕にとって民衆はあまりにも『愚鈍』であり、あまりにも『低劣』である。したがって民衆を裁判に参加させることはできないのだということになる。」〔佐藤篤士「司法と民衆」佐藤・林編著・前掲第一章訳注(6)二二二頁〕、といわれるのである）。

(7) アベ・シィエスも、「参政権については財産と教養を持つ『能動市民』（citoyens actifs）と、女性を含むそれ以外の『受動市民』（citoyens passifs）とを区別し、前者にのみ参政権を認める構想を持っていた。」、といわれる（シィエス、稲本洋之助ほか訳『第三身分とは何か』〔岩波文庫、二〇一一年〕二〇八頁訳注(176)参照）。

(8) 中村編訳・前掲第一章訳注(4)七頁参照。

(9) ①～⑦の訳は、中村編訳・前掲第一章訳注(4)九八～九九頁による（ただし、中村訳の接続詞の部分につき、漢字を平仮名に変更した箇所がある）。

(10) 当時、フォイエルバッハの原著を書評したものの中には、その「第三章」に対して次のような批判を行ったものがある。すなわち、「身分の平等という原則は人間性という観点からではなく、独立性という観点から考察されなければならない。というのも、身分の平等性の基礎になっているのは、裁判官は自己の固有の利益によって被告人を恣意から保護すべきであるという思想なのである。したがって設置されるべき裁判官は、その裁判官たち自身が裁かれるであろうのと同じ原則によって裁く裁判官である。被告人はたいてい原告に従属しているので、裁判官の独立によって均衡が創出され、被告人は、たとえば国王によって起訴される家来が家来によって裁かれるのと同じ従属状態にある裁判官によってのみ有罪を言い渡されることになろう。」(Allgmeine Literatur-Zeitung.Jahrg.1813.Sp.502-503)、というのである。

# 第四章　純粋に刑法上の制度として考察された陪審制

陪審制も、刑事法の執行の機関として、刑事裁判権一般と異なる他の目的をもちえない。この目的とは、完全な正義であり、そして真実ということである。というのも、公正な意思は正しいことの認識を前提とするからである。

この関係においては、陪審制はそれによって純粋な偽りのない真実、「有罪なりや否や」に関する確実性が最も信頼できるように達成されうる手段として非常に優れている、ということが明らかとなる場合に初めて、他の制度に対する決定的な優位を保証することができるだろう。陪審制は、無実の者に決して刑罰を科さず、罪ある者を正義から決して免れさせないという、人々を安心させる保証を他の全ての裁判所構成よりもより多く国家に与えるとき、すなわち、他の制度よりも錯誤という真偽を混同する危険からより多く守られる、ということを国家に保証するとき、その要求する敬意に正当にも値するし、理性の非常に優れた尊敬、人類の愛に値するのである(1)。

もっとも我々が、陪審制に夢中になっている多くの者の声を聴くとき、陪審制はこのような正当化を必要とされていない。ボネその他の者によれば、陪審制の主要目的は、「たとえ罪ある者が刑を免れるという危険を伴うとしても、あらゆる可能な方法で無実の者を救うことである。」、というのである[2]。しかしながら、彼のいうところのこのような主要目的がその傑作（陪審制）の本質というなら、その代償ははるかにより手軽な手段によって得られる。陪審が無実の者の盾であるとき、その盾は、無実の者をよく守ればそれだけ一層、同時に罪ある者を庇う盾であることも、理解できよう——そこで国家は、攻撃の刀を携えて、かつ、この攻撃において陪審制がその防御において行うように有罪と無罪をほとんど区別しない他の制度を陪審制度と並んで必然的に必要とする。このような対立する一面性によって初めて、寛大という不正義と峻厳という不正義の間の不断の闘争によって初めて、均衡は再び達成されうるであろうが、その均衡は陪審制をそれだけで破壊するであろう。「一人の無実の者が処罰されるよりは、一〇〇〇人の罪ある者が刑を免れる方がまだましである。」[3]という原則は、それと対立する、「一人の罪ある者が刑を免れるよりは、一〇〇〇人の無実の者が処罰される方がまだましである。」[4]という原則と同様に、もはや立法の原則として価値はない。ただイングランドの陪審裁判所の組織と実務をじっと見すえる者は、そこに陪審裁判所の理想を、かつ予審をもたないその陪審裁判所の理想の中に正義一般の最高のものを見い出す者は、当然のことながら、経験と事例でもってさえあの不当な寛大さという原則、あるいは、もし希望するなら、寛大な不正義を確認することができるだろう。イングランドの訴訟においては、ほとんど全てが被告人の側に傾きがちである。我々が手続と結びつけられている無数の些細な形式を考慮するときに判明することは、如何にして、訴追する者の最も些細なミス、不当な企図、実行された犯罪の時と所の記述における取るに足らない記載の誤りが、全体の最も決定的な無効と被告人の即時の釈放を帰結するかである。如何にして大司法官、時には訴追官でさえ、被疑者・被告人を有罪と発見する手段を困難ならしめるか、罪ある者にとってすら救済のあらゆる手立てを容易ならしめるか。如何にして、被疑者・被告人が法廷（Barr）で自らの「罪」を告白によって述べることを妨げられるか。如何にして被告人とその弁護人は、返答に困るような作為的な質問によって証人を恥じ入らせ、かつ困惑させることを許されているか。如何にして裁判長は、被告人にとって有利な審理の要素を一般により明確に、より鋭く強調し、陪審員に負担になるもの以上により親密にその肝に銘じさせるか。以上すべての有利な処理は、どんなに国民によって拍手喝采で迎えられ、国民の識者からは英知の模範として強調されるか。かくして当然のことながら、イングランドの刑事裁判所の構成の目的および精神は、正義という刀をその鞘へ固く納め、罪ある者に対してすら最大の努力でのみ抜刀されうる、ということは否定されえないのである。しかしその際、場所と事情が忘れられてはならないだろう。イングランドでその陪審制の中に見い出される価値は、ただその制度の民衆的側面、その政治的な政体上の性格の中にあり、そこからは、そもそも、できる限り無実の者のみを発見するという際立った一面的な傾向が自ずから容易に納得のゆくように明らかになる。イングランド人も、このような利点が生み出す短所を誤解しているわけではない。強盗や窃盗で溢れているこの島はイングランド人に十分にこの点を警告している。しかしながらイングランド人は、厳格な治安警察をその自由の墓場としておそれるように、むしろ後者の平穏な状態よりも前者の不安に耐えるのである。かくしてイングランド人は、陪審制の全てのそのような短所もなるほど費用はかさむが、しかしそれほど高くはない代価と見做し、それで政治的自由を購うのである(5)。したがって我々は、そのような見解をここで使用することはできない。というのも、ここで肝要なのは、有罪と無罪を等しく衡量する公平な正義の機関としての陪審制がもっている価値を創設することだからである。正義が英知に提起する任務は、「無実の者が決して処罰されず、どのような罪ある者もそれ相応の刑を決して免れない、という結果をできる限りもたらしうる裁判所構成のメカニズムを発見する。」ということなのである。

ところで、陪審裁判所の擁護者たちが、正義の機関としての陪審裁判所の長所はどの点にあり、陪審裁判所は、有罪・無罪に関する疑問の場合に、それに内在するどのような性格によって真実と確実性を発見するための優れた手段であることを証明するのか、と問われるとき、我々が受け取るその解答は一様ではなく、賢明な質問に対する納得できる解答よりも、むしろ稀ならず神の託宣の言渡しに似ている。

イングランドおよびフランスの何人かの文筆家たちは、純粋の真実を発見するための陪審制の素晴らしい適格性を証明するために、陪審裁判所という組織によって効力を発生させられ、陪審員の口を通じて宣告される本能に依拠する。これらの文筆家たちは、真実は自然の中にのみ存在するという。人間特有の概念に由来するものは、錯誤によって曇らされた源から流れ出てくる。自由な、それ自らに委ねられ、あらゆる技術と技巧を免れている自然のみが、真実へと通じている。それに加えて、自然は自ら人間に真実への本能を与えたが、人間はその本能によって、自分自身の意欲と知識なしに、思考と熟慮なしに、真実なるものを盲目的に把握する。ところが、あれこれ穿鑿する吾性は、その真実なるものを、光に眩惑され、対象と要素の多様性によって混乱させられ、あまりにもしばしば見間違う。陪審制を設立する任務とは、その中で真実への本能が完全に自由に作用することができ、他のあらゆる異質な影響から守られてその本能の啓示を告知できるようにする制度を、英知によって設立することにほかならない。陪審員自体は、これらの文筆家たちの哲学的言語においては、「刑事法の苦悩しつつある、知覚しつつある、かつ語りつつある道具」にほかならない。さらに、陪審員の宣告は、たとえば、判断、推論、比較、結合に基づいて根拠づけられるのではない。陪審員の宣告は、「本能的にしぼり出された自然の素朴な叫びなのである。――」「陪審員は、審理の間、いわば起きたまま眠っており、明るい夢の状態で座っている。結局のところ陪審員は、あらゆるその意識を包みこむこの夢から鼓舞され、そして、その確信の言葉を覚醒と夢の間の中間状態において発するのであるが、その言葉とともに初めて陪審員は完全な意識へと目覚める。」かくして、あるイングランドの法学者および彼とともに多くの新しいフランスの哲学者たちは、「ある無分別な生物が見い出されうるとき、それにその本能と並んで人間の言葉もまたなお付与されているとしても、この動物は、人間に関して陪審員の職務を遂行するために人間自身よりもはるかに巧妙であろう」、と注釈しているのである(6)。

事柄のこのような叙述は、真面目な言葉にはほとんど値しないし、それ程多くの真面目な人間によっては真剣に擁護され反復されることはないであろう。本能をもつ陪審員たちは、ここでは、メソジスト派協会または鈍重な思考喪失の状態で自然の光線を待ち受けるクエーカー教徒協会として登場するほかはない——丁度上からの啓示を待ち受けるクエーカー教徒のように。むろん、そのようなただ陪審においてのみ全く単独で宣言する活発な本能以外の何物も、本当のこと、まさに陪審の宣告の真実性をより確実に保証しうるものはないであろう。というのも、あらゆる指揮者の中で本能が最も確実なものだからである。本能は決してその目的を外したり捉え損ねることはない。本能によって発見される真実は、最も確実で事実に合致している真実であるに違いない、だから陪審制は、その熱狂的な崇拝者が陪審制のために真実を与えるのであり、完全に人間精神の驚嘆すべき作品であろう。ところが残念なことには、その他のところでは非常に多様に総合されている人間精神という装置の中においては、そのような原動力は発見されえない。あらゆる本能は、その本性上、意欲しつつあるもの、欲情を抱いているものにすぎず、決して認識しつつあるものではない。いかなる本能も、それ自体その欲情において必然的に盲目であるが、認識は、その認識において、必然的に見つめつつあるものである。真実を認識しつつある本能というのは、明るい暗闇ということになろうが、目は盲目であればまさにそうであるがゆえにそれだけ一層目をこらすのである。その上、不幸なことには人間は、（我々は、人間とともに眼前の陪審裁判所においてあの物言う動物がどこかで発見されるまで席を占めなければならない）決して単なる「受動的で、感受性の鋭い、物を言う楽器」ではなく、さらになお、悟性、理性そして情熱をもっている。人間は、判断し、推論し、結合し、理由づけるのである。人間は、意図的にまたは知らないで、真実に味方したり反対したりすることさえできる。これら全てがことごとく人間に、等しい自然、必然性そして分離不可能性を伴う本能を付け加えるが、その中でまさにこの最後のものが、文明開化の状態において他の何よりも強力で優勢である。というのも、人間は天分の大きな部分についてその森の兄弟とともに等しい部分をそれから受け取っているから。したがって人間の陪審員であれば、その確かな本能にもかかわらず、それは常に非常に欺瞞的な法律の道具なのである。なぜなら、それは自然の声を全く純粋に与えることはほとんどできないからである。というのも、なお非常に多くの部分的にはより強い声がその中に存在しているからである。かくして陪審員たちが、その覚醒しつつある夢から自然の叫びを吐き出すとき、法律は、この叫びが実際に本能の宣告であるという保証、――意図していることを漏らさないように――小賢しい悟性または詭弁家が激情を気付かれないということなしに、または光輝く空想がその欺瞞的な啓示をその者の下に押し込んだという保証を、どこから取り出すのであろうか。——人間は、人間である以上はどこでも人間として——全く統一的なものであり、かつ、思考しつつある、欲しつつある精髄が人間から魔法で取り出されない限りは、自動サービスを実行することは決してできないのである。

経験の対象のために常に何かを認識する能力、なにかある事実ないしは事件に関して蓋然性または確実性を得る能力は、悟性の中だけにある。我々が感性的な認識と呼ぶものでさえ、悟性の中だけにその究極的な根拠をもつ。それにもかかわらず、全ての認識は、学問的な認識と学問的でないが、日常的な認識とに分けられうる。そして、学問的な認識の際には、悟性はその根拠を自覚している日常的な認識の際にはそうではない。人は、日常的な認識の際にも、学問的な認識の際と同様に、判断し、推論し、同じ手段、同じ資料をそこから自己の確信を構築するために使用する。しかしその際、人は自分自身の行ないを観察せず、自分が歩む道を見ることもなく、「どのようにして？」ということをはっきりとは知らずに結果に到達し、「何故に確信によって拘束されると感じるのか？」ということを知ることもなしに、そう感じるのである。これに対して学問的な学識のある認識は、一般的なるものの明確な認識から出発し、一般的なるものから特殊なるものを発見する。そして、鎖の各々の環をはっきりと見て、既知のものと未知のものとの間の結合の全ての分肢を見て、その後に確実性を、真実であるという感覚において発見するだけではなく、それが真実でなければならず、かつ、それが何故に真実でなければならないか、ということを知って確実性を発見するのである。日常的な認識の際には真実が人間を発見するが、学問的な認識の際には真実が人間によって発見される、といってもよいであろう。したがって、陪審の宣告の基礎となっている確信と、法学識のある者により構成されている裁判所の判決を決定する確信との相違は、前者は日常的な認識から、後者は学問的な認識から獲得される、という点にのみ求められうる。誰が分かりやすい言葉に翻訳して、かつ、誇張という装飾過多を剥ぎ取られて、陪審を盲目的な本能によって始動させる主張を自ら行うことを希望しうるであろうか。さらに、日常的な悟性の認識は、いずれにしても、自己の作用を認識していない点で、本能の原動力と一致している。後者が意思を心ならずも動かし一掃するのと同様に、前者も悟性を動かし一掃するのである(7)。

そして、それこそ、陪審制の根本的な擁護者たちが、結局、その点に彼らのあらゆる論拠を結びつける点でもある。あらゆる歴史的な確実性は、我々が人間の行為に関して判断する場合に従ういかにももっともだと思えるような(moralisch)確実性(8)と同様に、彼らが全く正当にも述べている如く、結局、蓋然性の単純な要素から構成されている。これらの個々の要素は、経験という事実に、すなわち我々が、種々の所与と事情の間で常にまたはしばしばもしくは稀にのみ知覚する客観的な結合に基づいているが、その結合から我々は、それら相互の内的な関連を推論し、そして、それに従って同じ原因であるところで同じ結果を予想し、等しい結果と我々に思われるところで等しい原因を前提する。この結合が密接であればあるほど、すなわち、我々があることを他のことに付随して知覚していたことが頻繁であればあるほど、我々自身のまたは他人の観察と反対の例がより少なければ少ないほど、それだけ一層ある事実の確実性について、他の事実の蓋然性は高まり、遂にはその蓋然性は確実性となる程度に達して、その部分部分のあらゆる蓋然性は消滅するのである。自然自体と同様に、蓋然性と確実性の要素を形成する事実は無限である。心の中で蓋然性の程度を決定する要素は、無限に総合され、互いにもつれて絡み合っている。そして確かに、蓋然性に関する学問は存在してはいる。すなわち、人間の判断がそれによって導かれる法則は存在しており、それに従って確実性はその構成部分へと分解され、その要素において評価され、考慮されうるのである。しかし、確実性の要素を、簡単にであれ、いわんやその混合と無限の関連において叙述し、どこに確実性を、どこに蓋然性を見い出すべきかを、一般的に決定しうるであろうような学問は存在していない。人間はまた、生活と行為の日常の目的のために、後者の学問も前者の学問も必要としていない。というのも、とどのつまりは、それは、人間がそれを知らなくともそれに従って確実に思考しかつ行動し、また自然からその秘密を探り出すようにあれこれ考える悟性の念頭に浮かぶ前に正しくそうしてきたものだからである。

ふつうの人間は、彼が他人との交際によって我が物とする自己および他人の経験によって所有するところとなる資料全てに従って、事実と人間行為の確実性および蓋然性に関して判断することができる。ふつうの人間は、生活し、行為し、働くのであるから、彼は、自己の行為と他人に対する自己の関係とを、その資料に従って決定するためには、これらの材料を毎日利用しなければならない。彼は、自分の利益を入手し危険から遠ざかるために、どこに信頼を置きどこで信頼せずに回避すべきかを知るために、迅速に疑い、蓋然性に従って迅速に判断し、確実性に従って迅速に行為しなければならない。すなわち彼は、ほとんどあらゆる瞬間に、経験の認識の要素を使用し、衡量し、測定しなければならない。もちろん、平凡な人間は、自己がふるまう際に従っている法則を認識していないし、自己がその確信をそこから構築する材料を説明することもない。それらの材料は、彼の経験のたとえ不鮮明にしろ明確な想起によって彼の心に大量にもたらされるが、その個々の部分は区別されえないのである。しかし、この量、その経験の結果のたとえ不鮮明にしろこの明確な現象は、そこから彼にはまだ未知の事実に関して判断すべき他人に関して所与の事実と結合される―

―その視線が個別的に散り散りになることが少なければ少ないほど、そして、このような方法で真実の単なる感覚によって確信への悟性を決定することが少なければ少ないほど、彼の心情への一定の確実な印象をそれだけ一層より少なくするものは何もないし、それだけ一層感じうる、強力な印象をなすものは何もない。それゆえに、日常的な健全な人間悟性は、自らの内に、長く使用されてきた技術をもっており、そしてその技術は、この技術に関する学問を、その人間悟性にとって余計なものたらしめるばかりではなく、その技術が人間悟性の歩みを迷わせるがゆえに、危険たらしめもするのである。――

陪審裁判所が存在していないところでは、国家の法律が証拠とその証拠が裁判官の悟性にとってもつべき力とを、あらかじめ規定している。しかしさらにいうとすれば、これは、自然という大海を一つのバケツにまとめるという計画よりも、賢明とはいえない。このような法律は、常にあまりに語ることが少なくかつあまりに多くを語りすぎるのであり、あまりに狭すぎるかまたはあまりに広すぎるので、したがって、無実の者にとって危険であると同時に、罪ある者にとって有利なのである。立法者が、「二人の証人が確実性を与えるべきであり、唯一の証人は単なる蓋然性を与えるにすぎない。」[9]というとき、立法者は必然的に裁判官をして、二人の証人に基づいて無実の者にすら有罪を言い渡せしめるか、唯一の証人の事実によって証明された証言だけで裁判官が完全な確信を得ている者を、無実であるとして釈放せしめるのである。法律が、「この事情が、あれこれの事情と結びつけられて、裁判官に確信を与えるべきである。」というとき、何千という事情と何百万という可能な結びつきのうちで、常に唯一の結びつきが示されても、それにもかかわらず、それについてさえ一般的に真なるものは何も言い渡されていない。というのもa、b、cという事情は、自ら再び種々に変化して現象し、それがたとえd、e、fという事情となお符合するとしても、全く反対の結果を確信に与えることがあるからである。まさに陪審制は、その自然であるがゆえに確実な感覚によってその判決を決定するがゆえに、陪審制だけがこの怪しい迷路を通って真実の陽光へと我々を導く、といわれるのである。カナールが言うには、「真実と確信のこのような感覚が陪審員を捉えるとき、この感覚に対立するあらゆる蓋然性の根拠は、もはやその陪審員に何の印象も与えない。我々がその陪審員にその根拠を論証しても無駄であり、その蓋然性に対立する要素を無駄に説明することに終始することになる。陪審員は、彼が一度に見る要素全てを漸く次第次第に説明するのにどの位の時間を要するかを感じる、陪審員はこれが彼にもたらす苦労を認識する、陪審員はまた、彼がその論敵に反駁するのに自分の確信の根拠の個々の部分の一片一片ではなく、その完全な総体を反駁しなければならないと感じる。陪審員は、自己の確信をある感覚以外のものとして宣告するのではない。それゆえに陪審員は、確信しているとき、しばしば無我夢中の動き、印象的な声の調子によって自己の確信を宣告する。陪審員は、もはや何も提出することもできず、これは明白だと全力で叫ぶのである。なぜなら、その確信が大きければ大きいほど、その説明はそれだけ一層困難であるに違いないからであり、そして我々は次いでそれだけ一層混乱して確信を形成した個々の要素を認識するのである。」「陪審員たちがその確信を取り出すのは、単に証人の証言、被告人またはその答えに反する徴憑だけではない。その声色、その容貌、その困惑、そのすべての外部的な態度からも確信を取り出す。陪審員たちは、被告人の各々の答えについてその振る舞い全体を、無実の者が自己に提起された問に率直に意図せずして偽りの答えをするという観念と比較する―そのような観念は、経験が陪審員たちの心に深く刻み込んできたものであり、罪ある者の観念とは非常に異なる。というのも罪ある者は、その答えによって事件から逃れようと努めるからである。」―「証人たちの間の論争、裁判官たちと被告人との論争は一幅の絵であり、その個々の特徴は、まさに非常に多くの要素をなし、大量の蓋然性の根拠を増大させ、かくして遂には確実性を形成するために集まる。書き留められた言葉は、これら全てについて輪郭以外のものを与えない。というのも、その輪郭は、巧妙な巨匠の色彩において描かれた絵のシルエットと同様に、それが再生すべきその情景の完全な真実とはまさに非常に異なっているからである。」―「私が心に関わる(moralisch)知識について述べてきた全てを集めると分かることは、陪審の確信を照らし出す光は、我々が自己の全生活から獲得してきた未発達の蓋然性の根拠から合成されているということである。この知識は、我々がある動物たちに帰する本能と同様に全ての人間について真の本能である。それは行為の規則であり、それが如何に盲目的に思われようとも、それだけ一層確実に導かないものはないのである。それは、人生のあらゆる瞬間に、必要から生産され、発展させられ、持続的に誤謬から免れる。」―「心に関わる(moralisch)確実性が発生する方法から、確信の一般的な原則を定立し、裁判官たちや陪審員たちを被告人の責任に関する彼らの判断を獲得する際に使用しなければならない規則に拘束することは、不可能であることが分かる。このような一般的な確信の規則は、古い法学識が規定したものだが、陪審の声高の判決と等しく、同様に蓋然性の根拠の未発達の結果である。しかし、この点に存在しているのは、あらゆる事件に合わせるために嘗て存在していたこのような規則は、ただの一つの事件についても決して正確には適合しなかったが、一方では陪審の判決はその判断を求められた事件に正確に合致しているという相違なのである。それゆえに我々が、ただ一般的な原則によって確信を根拠づけようと努める方法を、そのために陪審という他の方法に対置するとき、前者は自動機械装置の単調な盲目的な運動であり、後者は理性的な存在の自由な多面的な運動なのである。」

もし、刑事事件における証拠と証拠方法とに関するあらゆる立法が、カナールや他の陪審制の擁護者たちが考えそして多くの立法も現実に明らかにしているようなものであり、かつ、そういうものでなければならないとすれば、むろん、その立法に対する以上のようなあらゆる非難は、完全に理由がある。もっとも、そうだからといって、陪審制にとって直接決定的なことは、何も取り出されはしないのであるが。

法定証拠理論の定立の際に、その固有の使命を誤解し、その任務を誤って把握し、それゆえに、あらゆる確実性を一定の一般的な規則へ封じ込め、この規則に確信を無条件で拘束しようとする立法、――そのような立法は、もちろん、最大の危険な一面性へと陥るであろう。しかしその際、立法者は何をすべきであろうか。立法者がそもそも理性的なるものを欲するとき、彼はどうしようとするのであろうか。そのような立法者は、もし彼が自己の法典が裁可または却下すべき証拠に関して審議するときは、自分自身に以下の如くいう。「ある市民の『有罪なりや否や』に関する決定は、最も多方面に影響を及ぼす行為のうちの一つである。もしその決定が真実の上に基礎づけられていれば、それは正義の神聖な行為であり、もしそれが誤りに基づいているときには、何物によっても償われえない途方もない罪悪である。したがって、余の裁判官たちは完全な確実性、内的確信に基づく以外には、そのような大きな利害に関して決定すべきではない。ところで、確実性と確信とはどこから生じるのか。その源は多様であり無尽蔵であるが、しかし必ずしも全ての源が、等しく本物で確実であるわけがない。人間が日常の生活と行為において、それなしでは済ますことはできないが、さりとて、それがあまりにもしばしば危険な誤りをさえもたらし、真の確信の代わりに誤った確信を与えるがゆえに、少なくとも最高の利害に関する場合に、最も小さな誤りが最大の償われえない不利益によって処罰されるところでは、真実を探究する者によって直ちにしりぞけられるべき、多くのものがある。それゆえに、余がとりわけ特徴づけねばならないのは、経験の証明によればまさに容易に真実にも誤りにも通じているがゆえに、生命、自由、名誉が問題となっている場合には裁判官が使用してはならない事実なのである。余が裁判官に与えねばならない規則は、本物の認識の源の使用についてさえ、裁判官を導き、その使用を有害な悪用から区別し、誤った確信という危険を遠ざけるかまたは無害ならしめうる規則なのである。たしかに、注意深い、経験のある良心的な裁判官ならば、余が余の指図において要約している全てのことを、自ら考えることができるであろう。というのも、余の法律は、自然およびあらゆる時代、あらゆる民族の経験の中に根拠を有しているからである。しかし、余は余の全ての裁判官の中に、同じ経験、同じ注意、同じ良心を前提とすることはできないのである。」

かくして、このような思想から出発する立法者の証拠理論は、積極的なものである以上にむしろより消極的なものであろう(10)。それは、確信をどこに求めるかを規定せず、むしろ確信がどこで探求されるべきではないかを規定するであろう。その証拠理論は、確信を裸の一般的な規則に拘束したり、無条件で法律により命令するのではなく、真実の領域を包括する非常に広い限界内で、裁判官の固有の判断にその適切な活動の余地を許容するであろう。したがってその証拠理論は、裁判官を自動機械装置へと転換したりするのではなく、裁判官が空想の翼に乗って真実の王国を飛び出さず、真実の代わりに最も内密の確信で雲の像を抱きしめたりしないよう、裁判官を妨げるであろう。その立法者の法律が、「二人の証人のみが完全な証明を根拠づけるべきである。」というとき、その立法者がそれによって主張しようとしているのは、二人の証人がいれば常に証明され、裁判官はその二人の証人を盲目的に信用すべきである、ということではない。なぜなら、その二人の人物の証言を、彼らの個人的性格、被害者の人物または事情に対する彼らの関係、彼らの説明の内容、内的蓋然性および相互の合致によって評価すること――これら全ては裁判官の判断に委ねられているからである。しかしそれでもって立法者が言っていることは、「汝ら裁判官は一人の証人のみに基づいては決して有罪を言い渡してはならぬ！」ということになる。――それはあたかも、一人の証人は確信を与えることができないことがしばしばあろう、ということでもなく、一人の証人の証言はしばしば真実ではありえないであろう、ということでもない。それは、そのような確信は、非常にしばしば当てにならないことがあり、国家はどのような誤った確信にも決して有罪判決の効力を与えることができないがゆえに、そうなのである。単なる風評もまたしばしば真実でありうるし、日常生活において稀ならず我々の確信を決定する。そうだからといって、人間存在および人間の自由に関するそのような確信に基づいて、決定的な判決を組み立てることが許されるべきであろうか。犯罪人であることを立証することは、犯罪人の告白または直接的な証言に必ずしも常に基づきえないがゆえに、犯罪人に不利な事情の集まりのみが決定する、ということが非常にしばしばあるがゆえに、このような集まりもまた経験においてはしばしば、まさにその限りで、唯一の証人の単なる証言以上に真理および確実性を与えることが稀ならずあるがゆえに、立法者は、確信のこのような根拠をも許容しなければならないであろう。その際立法者は、確かに、無数のうちから余すところなく有罪的事情を数えあげ、無限に多様な結びつきを一般的な規則にまとめて利用し尽くす、ということはできないことを甘受するであろう。しかし、ここでも外観が真理の形態を纏っていることがあまりにしばしばあるので、立法者は、その条件の下で最大限確実な確信がそこから取り出されるべき条件を、注意深く定立するであろう。ところで、立法者はこのような方法で何をするのであろうか。彼は確信を抽象的な空虚な形式に拘束するのであろうか。それとも彼は生き生きとした確信の多様な形態を死んだ文字の中へと押し込むのであろうか。——私は決してそうは思わない。その立法者は、人間的悟性の注意が及ぶ限り、常に、真理の精神の代りに誤りの亡霊が彼の裁判官たちに姿を現さないように、阻止しようとしているにすぎないのである。

そして、まさにこの点においてこそ、陪審制は古い制度の賢明な立法と比較して弱い側面を疑いの余地なく示し、その側面では理性の攻撃に対してほとんど防御できない、という点なのである。陪審制について立法者は、陪審員たちの確信のみを、陪審員たちの主観的なもはや動揺しない本当だと思うことを、法的に有効な真実の根拠たらしめる。それはここでは以下の命題において宣言されている原則なのである。すなわち、陪審がその確信において真実と見做すことは、まさに陪審がそれを真実と見做すがゆえに真実なのである、という原則なのである。しかし、このような原則はそれ自体考察されると理性の中に確実な源を決してもっていない、ということは自ら明らかと思われる。というのも、最も生き生きとした最も内的な確信も、なお多くの人によって意見は分かたれるがゆえに、その真実性と正当性の保証では決してないからである。真実は事物の中にあり、確信は人間の中にあるが、人間というものはしばしば、存在しないものを見て、存在するものを見ず、そして、真実よりも誤りにより強固に味方することが、あまりにもしばしばある。

しかし我々は、特にあの原則をその帰結の中に考察するのである！　陪審制について立法者にとって関心があることは、ただ陪審員たちが良心に照らして本当だと思うことだけであるから、その源について立法者は関心をもたない。陪審員たちの確信が何と結びつきうるか、――それは立法者にとってはどうでもよいことである。陪審員たちが実際に確信していさえすれば！　たとえ最も曖昧なものであれ最も明白なものであれ、あらゆる事実、たとえ最も確実なものであれ最も欺瞞的なものであれ、確信のあらゆる動機、最も目立つものであれ最も鈍重なものであれ、真実と思うそのあらゆる源、――これら全てが選択や区別なしに陪審員たちに使用が許されている。陪審員たちにとっては、その良心のみが法律なのであり、陪審員たちがどこで真実を求めるべきで、どこで求めてはならないかを彼らに述べなければならないのは、法律だけなのである。陪審員たちの良心が成熟した経験を備えた明晰な悟性を稼働させれば、当然のことながらその悟性は、陪審員たちが本当と思うことを信頼するばかりではなく、その根拠も評価するであろう。しかし、陪審員たちがその確信の完全な分銅を最も弱くて脆い葦に依拠するときもある。――陪審員たちにはそれができるのであり、その場合、陪審員たちの強固な意見だけが真実の代わりに現れる。真実の入念な究明が肝要であるとき、唯一の証人の単なる証言が如何に曖昧かを、誰が疑うことができようか。証人の一人は勘違いをするかもしれず、それどころか、意図的に騙そうと欲するかもしれないのである！しかし、――その証人の一人が特別な理由からなおその疑いがあるとしても――陪審員たちの軽信はその証人の証言を完全な確実性たらしめ、被告人に死刑判決を下すのである。被告人の容貌、被告人の話の口調、被告人の視線、被告人の態度、被告人の振る舞い――これら全てが、当然のことながら陪審員たちの確信にとって如何に強力であることか！　しかしながら、その確信の真実性、正当性そして確実性が問題であるとき、それは如何に動揺し、かつ曖昧模糊としていることか！かくして、予審事件のほとんど全ての目に見える審理は、理性にとっては目に見えず感覚にとってのみ知覚可能な無数の糸を提供するのである。ところが、その糸から容易に紡がれるのは、主観的な確信においてはなお非常に強固であるとしても、真実の前では使い物にならない網なので、用心深い理性が極く軽く触れただけで破れてしまう。したがって、主観的に本当と思うことを真実それ自体の原則にまで高めること、裁判官の確信の客観的な根拠、その確信の源の純粋さと不純さについての立法者の無関心は、あらゆる道がそれに開かれている誤りに完全に自由な活動の余地、それどころか真実それ自体の尊厳と力すら与えることになるのである。

なるほど、人間がその生活の日常的な過程において集める経験は、彼の働きの個々の領域の中で彼を確実に導くためには、彼の感覚と悟性とが素朴であれば、完全に十分である。しかし立法者は、その陪審員たちについては、この日常的な経験以上のことを期待することはできないし、期待してもならない。そして、このような経験は、その人の個別的な必要と生活状態に関係するにすぎないので、狭い範囲内で活動するものであり、その上、訴追に関して判断するために要求されるものとは、性質も素材も異なっている。なぜなら、それについては、稀ならず、最も広い多様性と紛糾における生活の最も驚くべき関係が、すなわち、最も異常な人間と同時に最も平凡な人間が、最も小さな悩みと同時に最大の悩みが、最も日常的な現象と同時に最も珍しい現象が、唯一の小さな場所で、錯綜して一見する内に動いていくからである。ここで人間が、彼自身の限定された市民生活のわずかな経験だけに従って判断すれば、いかに誤った予測、いかに多くの誤り、いかに多くの不毛が生じることであろう！　したがって、「陪審の経験に関する結果」の未知の著者は正当にも曰く：「刑事的判断に寄与する人々は、血に無感覚になることがないように、そして、血に慣れてしまうことがないように、定期的に交代させられなければならない、と述べることは極めて正しい。これは、人類にとって最も重要な職業の遂行をその職業についての経験の全くない者に行わせることを望むということである。たとえば、批判されたかつての司法官職の過ちは、そのほとんど全てが、巡回裁判官によって構成される法廷において犯されたものであったことに我々は気づいたのである。陪審員たちも、開廷期の中途になると、初期よりも痛みを感じなくなる。このことについて、私に異議を唱える者があっても私はその挑戦を喜んで受けよう。というのも、私は、自らの健康を害してまでも全て逐一観察したのであるから。」——カナールでさえこのことを述べており、かつ、大衆の中から来るべき機会の際に初めて選出される陪審員たちの中に、有罪・無罪に関する決定のために前提とされなければならず、毎日の生活の中ではなく裁判官席それ自体において初めて獲得されうるあの特殊な経験を見い出していない。カナールはこのような理由および多くの他の理由から、常設陪審員なる制度を希望することになる。というのも、彼のいうことには、「常設陪審員は、他のあらゆる人間と共通してもっている経験のほかに、とりわけ特別な経験もなお予めもっている。あらゆる種類の犯罪者を見たり聞いたりするのに慣れ、それだけに、狡猾な罪人によって騙される危険は少ない。」というのである。しかしコメントをなお要するのは、陪審裁判所が常設となるや否や、陪審制はその名前だけを残すにすぎず、常設陪審員なる制度を容認することは、陪審制の擁護者を、その事柄それ自体からして、陪審制の最も決定的な反対者たらしめる、ということにならないであろうか、ということではないであろうか。

その際、なおそもそも重要なことは、真実の発見のためには、とりわけ生活の重要な事務においては、素朴な日常的な人間悟性と教育を受けた学問的な悟性とのどちらが、より確実に目的に到達するか、という問題である。学問的な悟性に対する非難は、時間がかかりすぎるということと、あまりに多くの光によって眩惑されることが時々ある、ということである。しかし、その全批判は確かに全く相当でかなりなものだが、その非難で尽きている。日常的な悟性はただ感覚とぼんやりしている観念によって判断するが、学問的な悟性は概念と明確に思考された原則に従って判断する。日常的な悟性は、印象および感情よりも高いものをまさに何ももたないがゆえに、確信が自己に対して振る舞うように確信を受け入れねばならず、対象を、それがまさに自己の目に最も鋭くあたり、それゆえにしばしば短見により一面的である側から把握する。これに対して学問的な悟性は、概念および明確に思考された原則に従って判断する。前者の判断は、如何におよび何故にということを知ることとなしに、たとえ明々白々でなくても全体を見て行われる、――後者は、強固な根拠が悟性を確信へと強制する場合に初めて確信する。後者は、それが見るものを、明瞭かつはっきりと認識し、全体の雑多な輪郭においてのみならず、同時にその明確な個々の部分においても認識するし、それがそう思われるようにのみならず、それがそうあるようにも、その存在（Sein）においてのみならず、その存在（Sein）の根拠とともに認識するのである。前者は、まさに印象と感覚より高いものを何ももたないがゆえに、確信が自分に対して振る舞うようにそれを受け取らねばならない。

前者は、対象をまさにその視線に最も鋭く当たり、したがって、しばしば近視眼によって一面的である側面から把握する。これに対して後者は、確信によって自己にとって現れるものを盲目的に受け取るのではなく、自己の確信が自分自身を奪う前に対象を研究し、対象を種々の側面から考察し、その目は粗野な心を逃れる最も細かいものをも見のがさない原則で武装されている。前者は危険を知らないので大胆で果敢であり、それゆえに無防備だが、後者は危険を認識して、したがって疑い深く、不信から慎重で、用意周到で安全なのである。前者は、一度誤りに捉えられると、それからほとんど逃れられえない。というのも、前者はその確信のほかは何ももっていないので、警告されたり導かれたりすることはありえず、むしりより深く深く沈み、遂には、目隠しされて行く道が分かるという襲撃場所に至るであろうが、その最初の道は、ごく些細な誤りでもその一歩ごとにその目的から一層遠ざかるからである。これに対して後者は、はっきりした概念および原則をもち、それらによって自分自身を観察し、すでに道を誤ったときは、再び正しく行き着くことができる。日常的な悟性が常にもちうるにすぎない経験のあらゆる材料と要素とを、学問的な悟性ももっているが、しかし学問的な悟性の経験は、はるかにより広い範囲から集められており、予断と一面性を免れており、その上学問的な悟性はより高い見地にあり、そこでは対象はより純粋な光に照らされ、完全な自由および多方面の慎重さで考察されうる、という大きな相違がある。それゆえに、純粋に日常的な悟性が裁判官の席に就けられると、この裁判官の心の中へと忍び込みうるのは予断、空想、大胆な仮定、空虚な推測であり、それらが彼の頭の中で全く真実の如く見え彼に確信を与えるのであるが、彼はもし概念に従って区別し原則に従って比較することを学び、かつ教え込まれていたならば、その確信を馬鹿馬鹿しいものとして忌み嫌うであろう。なるほど原則は、情熱がその判断に対して影響を及ぼすことを許さない、という意思を拘束することはしない。しかし原則は、日常的な悟性がただ無防備なままである情熱の無意識の影響を妨げる。罪を証明された者に対するようにすでにしばしば被告人に対して抱く犯罪の嫌悪感、被告人の容貌、大胆と思われるその己惚れ、そして多くの他の本来無実で取るに足らない者が、陪審員の監視されない心を捉えることができるし、その心に反する証拠を想像で書き留めることなく重視するが、しかしそれは実際にはその証拠にとって重要ではなく、他方では、多くの偶然的な付随事情、被告人の良い評判、被告人の収入、被告人の改悛の情、被告人の従順な態度、白を切る被告人の巧妙さ、被告人の家族に向ける悲哀の視線——これら全てが陪審員の心に不当な同情を喚起して、幻惑された裁判官を与えることがあるが、その裁判官は被告人に有利に宣誓を破りながら、最も良心的に判断していると思っているのである。

審理が陪審員たち自身の直接眼前で進行すると、必然的に、悟性を誘惑しうる全てが、完全にそのまま陪審員たちの心に入り込み、そのことによってそれだけ一層彼らの気持は刺激されうるし、彼らの想像力はかき立てられうるし、たくみに燃え立たせられうるので、陪審員たちが無防備の悟性をもっているだけに、一層危険なことには、彼らは誤りに晒される。書面審理が裁判官の眼に対して秘密にするものは、たいていの場合、感覚にとって大変強力で、悟性にとって曖昧で、動揺し、欺瞞的な被告人または証人のあのシンボル、容姿、容貌、口調、等々である。これに対して、純粋な真実を探究する熟考する悟性が、ある事実の真偽に関するその判断の確実な基礎として根拠とするであろうものは、全て確実な調書の中で完全にかつ正しくまとめられうるのである。それゆえに、審理の書面による叙述によって判断する裁判官には、まさに真実の要素でありうると同時に誤りの要素でもありうるあの当てにならない特徴は全く無縁である、――他方、どのような感覚的な印象によっても妨げられない冷静な彼の悟性は、それだけ一層公平・平静に真実の根本的な確信の確実な材料を考察し衡量できる、という点で陪審制よりも優れている。陪審制については事柄はその反対の状態にある。予断が好むまさにあの幻影は、それが直接感覚に語りかけるがゆえに、陪審員の心の中で支配的となる。というのも、その心に対しては、直接悟性に関係するにすぎないものは、ある場合はその無味乾燥さによって疲労し、ある場合は心の不安の中で力を失い、ある場合は結局曖昧な支離滅裂な思考の混乱へと流れ込んでしまうことにもなるからである。口頭審理の際には、全ての個々の現象は、それが生じたときと同様に迅速に再び消え去り、認識のある対象は波にのまれる如く他の事実により押しつぶされのみ込まれ、根本的な確信の要素は変化しやすくそれゆえにしばしば歪曲されるかまたは混同されて僅かの間に心の前を飛び去る、――他方、感覚的な明確さをもった予断のあの特徴は、眼前で動かず、今やそれだけ一層容易に、そのような事柄に習熟している男を想定し、対するその勝利を完成するのである。自ら教養があり、そのような事柄に茫然自失した性急な悟性に対するその勝利を完成するのである。自ら教養があり、そのような事柄に習熟している男を想定し、そのような男が以下のような審理を聴くとせよ。すなわち、最も細かい審理のみであり、彼の注意は、全ての質問、解答そして反問を通じる、多様な事情および事実（その中からあれやこれやが抑制されることなく押し寄せ、互いに相互に支えあい、止揚しあい、制約しあう）の完全な錯綜を通じる被告人および証人の証言についていく。このような男が、同時に良心的な場合、以下のことを心配しなければならなくならないであろうか、すなわち、彼はその注意を一つのことに集中して、多分他のことは彼からすり抜け、または暗闇の中へと退くことによって、審理の流れの中で、小さいが、しかしひょっとすると重要な一節が彼から滑り落ちるかもしれない、彼の結果の要約の際に事実の完全な整序が彼にはもはや完全には、その真実の関連において眼前に現れない、ということ。彼は以下のことを望むようにならないであろうか。すなわち、彼の心に浮かんだにすぎない、またはむしろ急速に飛び去ったことが、一連の事実がただ走り抜けるだけではなく、その詳細にこだわり、通行し、かつ観察できるようもう一度、彼の前に確実に存在すること。

被告人を見るだけでもすでに、判決の公正さを少なからず危うくする。人間というものは、自己の感情が他人に味方したり反対したりすることなしには、容易には他人と直接的な関係には置かれえない。このことは、他人の行為または運命が同時に道徳的な感情を要求するところでは、それだけ一層妥当する。人が、恥ずべき行為の非難を浴びせられている男を見るとせよ。この男が同時にその外観において反吐の出そうな嫌な奴とせよ。我々の気持は憎しみで彼を見捨て、悪意のある予断により証明を急ぎがちではないであろうか。これに対して、友好的な目ざし、柔和な口の特徴、そして、とりわけ、女性における美しさという魅力は、はるかにより根気強く我々をして、有罪の証拠を信ぜしめたり、この信念に意思を従属せしめたりしないであろうか。破棄院は、フランスの陪審裁判所に反対して、その他の多くのことと並んで以上のことも述べている。「自然も身震いするような子供殺しという犯罪、それは義務感の一般的な弛緩の帰結として非常にありふれたものとなっている犯罪であり、ほとんど常に処罰されないままである。あたかも陪審員全員が申し合わせたかのように、婚姻外の子供の殺害の婦人は無罪を言い渡される。」感覚による理性のあの買収がこのような現象について少なくとも大きな部分を占めなかったとすれば、それは驚嘆すべきことだろう。これは、とりわけフランス人のように情熱的で、才気に富んだ、かつ女性に対して親切な国民について非常に分かりやすい言明なのだが。しかし、調書によって判断する裁判官は、そのような危険には晒されていない。というのも彼は、人物ではなく事件だけを見るからである。調書は、人物が感覚的にその場に居合わせることによって、裁判官をしてその人物の事件に賛成させたり反対させたりすることはできず、憎悪へと決定することも愛情ないし場違いな同情へと決定することもできない。

この事物自体の本性において根拠付けられる一般的なコメントは、非常に曖昧な、最も多様な経験によって大いに確認されるので、日常的な人間悟性一般に対して風刺を考えようとする者は、陪審裁判所とりわけフランスのその歴史から特異な例を借用できるであろう。私に許し給え、犯罪について裁く日常的な悟性の大部の犯罪目録から、ここではフランスの法学者が語る最も最近の最良のものの中からただ若干のみを引用することを。――一八〇八年のことである、ある婦人は三階に夫の留守中一人で住んでいたが、夜間、同じ家に住む三人の男性に襲われ性的虐待を受けた。そのドアはこじ開けられた。その婦人はベッドから飛び出し、階段へと急いだ。ここで件のならず者たちの一人は猥褻な接触を許された。彼女は彼を突き飛ばし、助けを求めて叫びながら家の中を駆け巡った。誰も敢えて彼女を助けに来ようとはしなかった。彼女は再び急いで自分の部屋に戻ったが、そこで件の三人は彼女を力づくでわがものとし、欲望を満たした。この事件が起こった間、そのうちの一人は、発見され、処罰される懸念を明らかにした。心配するな、彼女は我々を裏切らないと他の一人が叫んだ。しかし、被害者は犯罪者たちを訴えた。その全事件はその家の住人たちによって証明された、もっとも、彼らは、誰もその部屋から敢えて出ようとしなかったのに、全てを見たというのだ。事実の最大の部分は、被告人たち自身によって認められたところによると、その夫人は必ずしも自分の意思に反してはいなかったということを仄めかすものにすぎなかった。一人の証人の証言は、笑い声を聞き、その夫人自身の声と分かったということさえ、意味した。弁護人は、陪審員たちに、聞き給え！その夫人は笑ったのだ、したがって、彼女は結局、自ら彼らと同意していたのだ！と述べた。――このような機知、そして他の事情によって十分に有効であるあの盗み見の証言以上のものは、被告人たちを無罪放免し、不幸な婦人を姦通として公の恥を褒美として与えるために、ここでは必要ではなかった。――一八〇六年の出来事。一八〇六年に尊敬すべきカプテーヌは、人のお供をして次のような事情の下で窃盗帮助として有罪判決を言い渡されていた。ある男が窃盗を行い、その窃盗につき罪を認めた。彼の妻はその窃盗への関与を自白したが、しかし、彼女の夫が彼女にその手助けを命令したと付言した。両人が一致したのは、彼らはその盗品を高齢の将校の下まで運び、彼らがどのような方法でそれを手に入れたかについてその将校には隠していなかった、ということである。この尊敬すべき老人は、第三の被告人であるが、最後の事情を毅然として否定した。彼には、他の二人の罪ある者の証言のほかは彼に不利なものは何もなく、それ自体すでに疑わしいこのような証言は、かの男性の素晴らしい正直さの多くの証拠の前では全ての力を失わざるをえなかった。この老人は、ひどく立腹して、集会で彼の非の打ちどころのない行状を示すために裁判所に出頭していた多くの兵士に語り、彼がただ真実と無実にのみ値するのが常であるような調子で叫んだのである。「友よ！かつて君たちの戦友であった私が低劣な仕返しによって自らにふさわしくないことを行った、などと信じるな！」誰もこの男の無実を疑わなかった。全ての裁判官はその男の無罪放免と他の二人の罪ある者の有罪を予想した。ところが否である！その将校は窃盗で有罪判決を言い渡され、その窃盗を自白した妻は――無罪を言い渡されたのである。この裁判所の所長は、証明された女の窃盗犯人はなおそれについて自ら不利なことを供述しているのに、無罪放免としながら、あらゆる蓋然性によれば全く無実である老人に有罪を言い渡したこの理論倒れの判決に関してこれまでの彼にないような非常な立腹を示した。陪審員の議長は、――彼は下層民出身ではなく、帝国の第一の銀行出身の男であるが――少なくとも妻の無罪放免の動機を、次のようにコメントして説明したのである。すなわち、妻は実行した窃盗にもかかわらずその罪を免れる、というのも、彼女は（妻は夫に服従する義務があるという）ナポレオン法典の規定に従っただけであるから、というのである。――共和暦七年バンダメール二七日、ある陪審は、全員一致で四枚籤（Quaterne）の偽造につき証明されたと宣言し、幇助として関与したとされる二人の宝くじの職員に関して有罪を宣告したが、それに基づいて被告人たちは二〇年の鎖刑に処せられた。起訴された首謀者は逃亡していたが、その二年後漸く、共和暦九年プルヴィオーズ二八日、裁判所へ召喚された。ここで陪審は、その時、同様に全員一致で偽造の事実を証明されていないと宣言し、首謀者は存在していない犯罪のゆえにあらゆる責任から解放された。――かくして陪審の下す判決は稀ならず、盲目の偶然がもてあそぶサイコロのようである！

陪審制の場合には、刑罰法規は容易に世論の下僕ないし陪審員たちの偏見の下僕になり下がるということが、陪審制による判断という方法の他の不可避的な帰結である。陪審員の任命の規則が陪審員たちに要求することは、ただ事実に関してのみ決定すべきであり、そして、その決定の法的な帰結すなわち刑罰に目を留めたりまたは刑罰に関して判断を下す柄であるべきではない、ということである。というのも、刑罰は、国家が犯罪を威嚇しているものだからである。しかし立法者が、欲するように語り警告しても、それは無駄である。「有罪なりや否や」に関する判断の際の事実的なるものと法的なるものとの非常に微妙な限界は、日常的な悟性の無防備の眼前では、たいてい消滅するか、またはただ非常に曖昧な輪郭の中で動揺するにすぎない。その上、陪審員たちは自己の良心に従うように指示され、そして日常的な悟性が稀に承知することは、我々が無実と見做す者をそれにもかかわらず有罪と宣告すること、あるいは、我々がその意識においては少なくとも可罰的と考える者を、一般に宣告される有罪によって不当に厳しい刑罰にやむをえず委ねることは、良心によるべきであるということなのだ。陪審員たちが、彼らが越えてはならない一線をはっきりと認識することを国家の要請が彼らに要求することを、明確に理解しているとせよ、――しかしながら、一方では、陪審員たちの良心が（不当にせよ正当にせよ）それに対して反抗する冷たい死んだ法律があり、他方において、生き生きと陪審員たちの心に語りかけ、国家の意思よりもより高いあの正義の愛顧が、その者を保護して助ける人間がいる。この矛盾の中で、どちらが優先されるのであろうか。陪審員たちは、自己の良心に反して法律に従い人間性を侮辱するのであろうか、または、むしろそうではなく、自己の良心に従い人間を救うために憎まれた法律を侮辱するのであろうか。陪審員たちの内面の意識に不正義の罪を着せる法律は無力であり、また、法律は自己を侮辱したことで陪審員たちに仕返しをすることはできない。陪審員たちは、その宣告に関してあらゆる責任を免れている。したがって、一体何が陪審の良心を強制して良心的に不正義に奉仕せしめうるのか。一体何が陪審員たちにとってその良心においてただ真実なるもの、かつ、ただ法なるものと思われることを、陪審員たちがその宣告によって主張することを妨げうるか。陪審制が存在し、または存在したことのあるあらゆる国家の一般的な経験は、このようなコメントを確認している。全ての文筆家はこのような経験の一般性を承認している。とりわけ、グラフ・ファヴァール曰く：「陪審員たちは、刑罰のことを決して気にするな、と終始想起させられるにもかかわらず、彼らはほとんど常にそのことを考え、そして彼らは、刑罰を加重したり減軽したりするのは裁判官の自由な手に委ねられているのでは決してない、ということを知っているので、彼らは、彼らに若干の関心を注入した被告人を、法律上の刑罰の完全な厳しさに委ねるように決心すべきであろう、ということよりも、むしろ、その被告人を救うことによって、自己の使命を忘れてしまう。」カナールはこのような事情の中に、陪審員たちの永続性のための、したがってその廃止のための新しい根拠を見い出して、以下の如く言う。「裁判官は無益にも陪審員たちに、事実の確実性のみを顧慮しなければならず、そこから生ずるかもしれない帰結を見るべきではない、と指図する。しかし、これら二つの観念は、陪審員たちの心の中では分離不可能であり、第二の観念は、必然的に第一の観念に影響を及ぼす。全ての人間は、不幸な者を見ると同情によって圧倒され、それによって不幸な者に心を捉えられる。このような感情は、常設の裁判官自身の中では、罪ある者の釈放が結果としてもつかもしれない害悪の表象の中に、常に平衡錘りをもっている。この平衡錘りは、その心の中であらゆる力で作用する。なぜなら、裁判官は自己の職務の性質上、そのような考察に慣れさせられるからである。他の人間の場合にはそうではない。なぜなら、その精神はまさに特にこのような観点に向けられていないからである。もちろん、たとえば謀殺犯人の立証が問題となる場合には、全ての人間は自分自身の関心によってその害悪（その解釈が結果としてもつであろう害悪）を認識するように決定される。

このような害悪は明白であり、全ての人がそれを恐れるので、その場合には同情の感情はその平衡錘りをもっている。しかし、その結果が個人に特別には関係せず、社会の全大衆に拡張する犯罪、たとえば国家の財産の使い込みが問題となる場合には、同情という自然の感情は、平衡錘りにおけるそのような対立的な力によっても支えられない。それゆえに、それは被告人またはその家族に有利に作用し、陪審員たちの心は、取りなし、訴え、そしてあらゆる誘惑の危険に晒されている。」

このような現象は、立法がその時代にあまりに遅れている国においては、最もしばしばくり返し生じるばかりではなく、たとえ是認ではないとしても寛恕を要求するであろう。法律が理性に反しているところでは、そのことによって法律自体が復讐されるのである。数シリングの密かな窃盗の刑が死刑であるイングランドにおいては、ただそれだけの理由で無数のコソ泥が陪審によって完全に無罪放免されるか、最も明白な証明に反して少なくとも理由付きの評決で死刑から救済される(11)。イングランドの法律は、他人の家畜を故意に意図して殺害した者を死刑で威嚇し、しかもこのような場合に君主の恩赦を禁止さえしている。真実と残酷さとの間の選択において、陪審員たちに残されていることは、彼らの法的判断を偽って事実判断の形式へとはめ込み、そして最も明白な証拠に反して被告人に完全に無罪を言い渡すことしかないのである。したがって、他人の財産に対するこのような違法行為は、イングランドにおいては一般に決して処罰されることはなく、たいていは大法官自身が、陪審員たちをして彼らの宣告の結果に注目させることによって、いわば彼らに無罪を示唆するのである。陪審員のこのような法律を超える権力の特異な例を、何百という事例のうちから一つだけ挙げると、一七九四年のピュルソンに対する訴訟である決闘訴訟がある。ピュルソンは陸軍大佐であるロペを決闘で射殺した結果、謀殺で起訴された。謀殺というこの行為の罪名は、疑いもなくイングランド法に従っていたが、しかしイングランド法は決闘の立会い人すら謀殺の刑に処することはなかった。その上、被告人はその服従義務に違反する振る舞いによって、決闘の第一の原因であり、かつ、その行為自体に疑いはなかった。有名なエルスティヌが被告人を弁護し、被告人が自ら自分のために感動的な陳述を述べた後で、裁判長は陪審員たちに向かって次のように述べた。:「さて我々は、一体となって、我々の悲しむべき義務を果たさなければならない。私の義務は法律を説明することである。諸君の義務は存在する事実に法律を適用することである。私が宣誓し述べなければならないことは、熟慮のための相応の間の後の殺人は謀殺と見做されるべきである、ということである。人間的自然の欠陥に逆らって明らかに穏やかで寛大なイングランドの法律は、それにもかかわらず諸君の同情をまず素早く直ちに暴力にだけ適用する。もし人間に理性をなお取り戻す時間がないと思う場合、それはすなわち事実は故殺ということである。これがこの国の法律であり、ここで我々の前に立っている不幸な若い男はそれに争う余地なく違反している。しかし彼は、名誉という法律に正確に従って行為したものである。決闘の際の彼の全ての振る舞いは、厳格な名誉感情と人間性をもった男の振る舞いである。諸君は今や法律と事実とを知っている。諸君が諸君の良心においてこれらを信じて犯罪と特徴づければ、諸君の判決は有罪でなければならない。

しかし諸君の良心がこれに反対なら、無罪放免が、たとえその法律の厳格な言葉に反しているかもしれないとしても、諸君の宣告は神と人間に直面して気持ちよく行われる。」さて、最も明確な証拠にもかかわらず、陪審は事実を証明されたと認めることができただろうか。陪審員たちがもっていたのは、ただ次のような選択である。すなわち、偽りの宣告を行うか、大司法官でさえその同情を寄せた男を謀殺者として死刑執行人に引き渡すか、という選択である。これは神の法に従うか、人間の法に従うか、という選択である。陪審員たちは前者を選択して、「無罪」と宣告し、ただその職にとどまったのである。この事例やその他の類似の事例において、不当な宣告すら、それが人間的であるという理由で我々の喝采を浴びるのである。しかし、このように、公正さと一般的な正義の感情に導かれた良心が法的なるものと事実的なるものとを混同するのと同様の力と同様の結果で、単なる偏見によって盲目にされた偽りの良心が、公正な法を圧倒し潜脱することができるし、するであろう。良心は、偽りの確信または思い違いの確信に従うのであれ、想像上の真実または現実の真実に従うのであれ、良心は良心なのである。思い違いとは思い違いをしている者にとっての真実なのである。立法はあまりにもしばしば国民の意見と意図とに矛盾せざるをえない。なぜなら、大衆の観点は立法者のそれとは別物であるからである。なるほど立法者はその国民の精神に従うべきである。しかし、この原則は絶対的なものではなく、賢明な目的のための手段にのみ妥当し、その目的自体には妥当しない。なるほど、国民の意見はそれにより帆を調節するために尊重されなければならないが、しかし、それは舵をとることはできないし、進路がどこに向かうべきかを決定することもできない。かくして、愚かしさ自体が賢明さになるべきでないときには、必ずしも常に国民の意図のところまで降りて行くことができない立法者は、稀ならず国民にとっては、彼が最も賢明な場合に最も愚かしく思われ、彼のことばが最高の正義において根拠づけられているところで最も不公正と思われるのである。そのような法律の行使が、臣民の単なる良心に、その良心を啓発する日常の悟性に委ねられると、最も恥ずべきかつ有害な偏見が、最も違法かつ馬鹿げた誤りが、最も理性的な法律に対する最も純粋な良心の宣告として主張されるであろう。ここでは立法者は、陪審員たちに啓発された公共心と死んだ法律に対する厳格な忠誠を期待し、陪審員たちが死んだ法律のためにその私的な意見および彼らが自己の良心と呼ぶものを喜んで犠牲にする、ということを期待せねばならないか、または陪審員たちが、その「有罪なりや否や」を証拠の重要性に従って決定するだけでなく、行為の価値に関する、換言すれば、法律自体の法的価値に関する、たとえ誤っているとしてもその良心に従った判断により決定する、ということを予想しなければならないのである。非常に学識のある賢明な枢密顧問官としてのメルランのコメントによれば、「陪審員たちに対する正当な非難は、陪審員たちは、非常にしばしば偽りの同情または市民社会において著名な被告人の家族が陪審員たちを悩まさざるをえなかった関心に屈した。さらに陪審員たちは、非常にしばしば事実の真実性に関してだけ決定する代わりに彼らの決定の枠からはみ出して、彼ら固有のやり方で法律の正当性に関して不当にも判断したのである。陪審員たちは非常にしばしば実は法律が犯罪と特徴づけている行為を罪とならずと見做し、次いで法律を潜脱しその裏をかくために真実を弄んで気にしなかったのである。陪審員たちのそのような思い上がりや横暴の何百という例を、私はこの目で見てきた。私は、そのうち一つだけを挙げたい。それはついこの一年前、サーンブル県、マース県の刑事裁判所において起こったものである。――ラムベール・ピロットは、ある暗殺犯に有利に偽証したことで起訴された。共和暦二年プルヴィオーズ五日の法律は、被告人の偽証を二〇年の鎖刑で処罰している。陪審員たちの意見は、ある被告人からこの法律の刑罰を免れさせるためのある偽証が、決していかがわしい行為ではなく、少なくともそれはそのような厳しい処罰に値しない、というものであった。」陪審員たちはここでは、明らかに彼らの職務権限の枠からはみ出している。陪審員たちには、法律自体に関して裁く権限は与えられていなかった。ところが陪審員たちは今やその被告人を救おうとした。したがって彼らは、彼らに提起された第一の質問に、「ラムベール・ピロットは偽証を行った、ということは証明されていた。」と説明した後で、第二の質問に「ラムベール・ピロットは可罰的な意図で行為した、ということは証明されていない」と決定したのである。――このような二つの解答は、明らかに互いに矛盾している。というのも、偽証の違法な意図は分離されうるものではないからである。――サーンブル県、マース県の刑事裁判所は、したがって、この宣告をそれ自体矛盾しているという理由で無効として破棄して、新しい決定をするために解散するよう陪審員たちに命じたのである。しかしながら、新しい決定はまたもや被告人を無罪放免するよう命じたのである。陪審員たちは、まさに彼らが「ピロットは偽証を行ったことを証明された」と説明していたところであるが、この第二の評議の後、「ピロットに偽証の罪を負わせることは証明されていない。」と説明したのである。かくして裁判長はやむなく、被告人を解放せざるをえなかった。」——他にも少なからず特異な事例が、ブレストの海軍裁判所で起こった。船舶探索人ジョアン・ピートゥー・リィヴォアーは、共和暦一〇年に起訴された、(1)その義務に違反して、謀反のスパイであった、共和国を転覆し王国を再び導入し、西部の府県で再び市民戦争を扇動する意図で、反乱の指導者ジョージと同盟している艦隊を引き渡した、(2)偽造旅券を作成し、それをイングランドへ赴くことを容易ならしめるために使用させた。陪審が宣言したことは、第一の争点に対して、反乱者はこれら全ての行為が証明された、——しかし、彼が可罰的な意図で行為したことは証明されていない、というものだった。陪審は、第二の争点に対して、反乱者は、偽造旅券を作成したことは証明されたと宣言した、しかし、——彼は違法な故意で作成したのではない、というのである。

フランスの法律家と立法者は、陪審員たちのこの意図的なそして無意識の誤りに対する最も強力な手段を、刑罰法規自体の改正の中に見い出すと信じている。彼らが信じていることは、もし刑罰法規が、完全に理性と正当性に従うときは、もし刑罰がその寛大さにより国民の精神に照応し、法律がたいてい絶対的法定刑を定めず、刑の量定における公正な自由を裁判官に与え、それゆえに法定刑の上限と下限を規定すれば、刑罰法規は完全に理性と公平とに合致することになり、かくして、陪審員たちの固有の良心に負担をかけることなく、法律を不当な干渉により侮辱する全てのきっかけが陪審員たちから剥奪される、ということなのである。もし私がその前提の正当性に同意しうるとすれば、私もそのことを同じように信じるであろう。どのような人間的英知も、個人の個別的な意見および予断と常に同一の歩調をとる立法を、その都度考え出すことはできないであろう。最も峻厳な正義が重大な犯罪とみなす行為が、それにもかかわらず、予断を抱く者にとっては非の打ちどころのないものと、または少なくとももより軽く処罰されるものと思われないようには、決して妨げられえないであろう。とりわけ、個人に直接関係せず市民社会の全体にのみ関係するにすぎない犯罪については、全ての立法は必然的に自らに対立する国民の意見を多少とももつことになろう。なぜなら、そのような行為の要素は、その行為が関係する対象としては、日常的な市民生活の視界にはほとんど入らないからである。法定刑の量定の際の上限と下限の遵守も同様にその害悪にほとんど対処しないであろう。というのも、この原則はある部分は適用不可能であり——（その原則は、死刑に値する犯罪については、どのような量定をも許容しないその刑罰自体の性質によって、排除される——）、他方、法律が一〇年ないし二〇年の鎖刑を定めるかまたは単に二〇年の鎖刑のみを定めるかは、陪審員たちの意見にとっては決して大きな相違ではないからである。陪審員たちは、彼らにとって一〇年が最高であると思われるときには、被告人を一六年ないし二〇年という不正な鎖刑の危険に晒すよりは、むしろ彼を完全に釈放することに大いに傾きがちであろう。しかし陪審員たちは、彼らの道徳的判断が被告人を全く非の打ちどころがないと見做すか、または被告人の責任がいずれにしろ二、三か月もしくは二、三週間の軽い刑しか予測するにすぎないときには、確かに罪とならずと言い渡すのに決して躊躇しないであろう。ピロットの陪審員たちは、彼らのやり方で間違いなく判断することであろう、たとえ法律が、偽証には被告人に有利に二〇年の鎖刑の代わりに五年以下の刑を定めていたとしても。その害悪は陪審員たち自身の本質の中にあり、いずれにしろ、法律と私的な意見との間の永遠の平和が、立法者がその法律に国民のあらゆる偏見を与えるか、または立法者が国民に彼ら固有の英知を接種することが可能である、ということによって創出される場合にのみ、その害悪は根本的に除去されうるかもしれないであろう。

［訳注］

（1） 刑法上の制度としての陪審制に対するフォイエルバッハのこのような観点からの疑念は、「古典的な意義を獲得している」（Schwinge,S.15. なお、藤尾訳・（一）三九二頁）、といわれてきている（なお、前掲・第一章訳注（2）参照）。

（2） これはボネの一八〇二年の著作からの引用であるが、すでにフランス革命において、フランスへの陪審制の導入をめぐる立憲議会の討論に際して、一七九〇年一一月二七日、デュポールは次のように主張していた。

「ただのひとりでも、無実の者が処罰されるより、百人の罪人が逃れるほうがよいという言葉が繰り返されるとき、人びとはただ人道的な感情に従っているに過ぎないと考えておりますが、じつはそこで述べられているのは、正義と自由についての明白な原理なのであります。それと申しますのも、無実の者に有罪の言い渡しがなされた場合、各人は、自分自身の身を案じ、百人の罪人が裁判（justice）から逃れたという理由で全体の安全が損なわれる以上に、無実の者の処罰によって、この全体の安全はいっそう損なわれるからであります。

それゆえに、司法の過誤が稀なものになればなるほど個人の自由はそれだけ確かなものとなり、諸個人を社会に結びつけている靭帯はいっそう緊密なものとなるでありましょう」（沢登佳人校閲、藤尾彰訳「フランス一七九一年刑事訴訟法典草案に関するデュポール報告」法政理論二二巻二号〔一九八九年〕八一頁下段〜八二頁下段。なお参照、梅田豊「フランスにおける自由心証主義の歴史的展開　第一部　フランス大革命初期における糺問手続の克服と自由心証主義の創造」法政理論一八巻一号〔一九八五年〕一〇三頁上段）。

（3）「ただのひとりでも、無実の者が処罰されるより、百人の罪人が逃れるほうがよい」というデュポールの比率（一対一〇〇）と比較すると、ブラックストンの比率（一対一〇）には問題があることになろう（ブラックストンの比率に疑問を提起するものとして、団藤重光『死刑廃止論〔第六版〕』〔有斐閣、二〇〇〇年〕一八三〜一八四頁参照）。とりわけ死刑が問題となる場合は、その比率を高めても（一対一〇〇〇）疑問であるとされている（同上・一八四頁）。その他、「二〇人の真犯人を逃すとも一人の無辜を犠牲とすることなかれ」（一対二〇）とはフリードリッヒ大王の言葉といわれるが（宮本・前掲第一章訳注(12)三一七頁、三六頁の引用によるゾンネンフェルス、宮本弘典訳『拷問廃止論』による）、いずれにしても、ここで方法論として保険の思想を援用することが最近の有力な傾向である（後藤昭「『疑わしきは被告人の利益に』ということ」一橋論叢一一七巻四号〔一九九七年〕参照）。

（4）一八一七年にパレイは、「誤判に泣く者はお国のための犠牲者だと裁判所はむしろ考えるべきである」（グランヴィル・ウイリアムズ、庭山英雄訳『イギリス刑事裁判の研究』〔学陽書房、一九八一年〕一五五頁参照）、と主張していた。

（5）　アダム・スミスは陪審員の起源について論じた個所で、「常に自由の味方であるイングランド法は、中立的な陪審員についての注意深い規定について、他のどのようなばあいにもまさって、賞賛にあたいする。」（同、水田洋訳『法学講義』〔岩波文庫、二〇〇五年〕九八～九九頁と述べている（同旨、アダム・スミスの会監修、水田ほか訳・前掲第二章訳注（11）三〇二～三〇三頁）。もっともスミスは、イングランドの陪審制について、「ただひとつの点で欠陥があ〔る〕」として、その全員一致制を批判し、全員一致を必要としないスコットランド法を紹介している（同・前掲『法学講義』九九～一〇〇頁、同・前掲第二章訳注（11）三〇三～三〇四頁）。ちなみにデュポールも、一七九〇年一一月二七日にフランス立憲議会の本会議において、イングランドの全員一致制では、「多数が陪審員のうちのなんにんかの者の胃袋の強さや意志の力に屈することを強いられるということになる」として、多数決制（一二名中一〇名）をより人間的でありより道理に適っているとしている（沢登校閲、藤尾訳・前掲第四章訳注（2）一二八頁下段参照）。

（6）　フォイエルバッハがこのパラグラフで論じている「本能」の作用の特徴は、フランスで形成された「内的確信」（intime conviction）の理論のそれである（vgl.Cornelissen,S.97）。なお、この「intime conviction」に宮城浩蔵が「真誠ナル心証」という訳語を当てていることについては、佐伯千仭『刑事法と人権感覚』（法律文化社、一九九四年）一八一～一八二頁参照。

（7）　以上のように学問的な認識と日常的な認識とを厳格に区別した上で、前者に優位をおくフォイエルバッハの議論に賛同しながらも、彼とは反対にこの学問的な認識は必ずしも法律専門家という身分の能力ではないことが、当時、原著の書評において次のように説かれていた。すなわち、フォイエルバッハのいう学問的な認識というものは哲学的な認識であり、たとえ教養ある少数の者にとってではあっても、職業とは無関係に入手できる、なぜなら、それは因果法則の把握に関するものにすぎないから、というのである（Allgemeine Literatur-Zeitung,Jg.1813.2.Bd.,Sp.508ff.）。

（8）なお、ここでフォイエルバッハが使用している"moralisch"の訳語については、ベッカリーア、小谷訳・前掲第三章訳注（2）四六～四七頁、一六二頁、西村克彦「比較伝記考―刑法学者フォイエルバッハの場合―」警察研究五五巻一一号（一九八四年）八九頁等参照。なお、"moral certainty"につき、田中編・前掲第三章訳注（4）五六六頁参照。

（9）法定証拠主義の歴史的位置付けについて、近時、次のような指摘が行われていることが注目される。

「法定証拠主義の意義・目的は神判廃止後の証明手続の正統性を根拠付けることにあったとする仮説は、決闘や雪冤宣誓の廃止についても類推可能であろう。決闘は被告人が自力によって有罪・無罪を決める方法であり、宣誓補助者を必要とする雪冤宣誓は共同体における被告人の評価あるいは被告人の地位によって有罪・無罪が決まる方法である。ともに有罪・無罪の立証に被告人が主体的にかかわり、また被告人の社会的属性が決定的な意味を持つ証明手続であり、少なくとも雪冤宣誓をなしうる被告人から見る限り、権利と観念することが可能な証明手続である。このような証明手続を被告人から奪うためには、客観的で確実な証明手続であって、被告人も受け入れざるをえない証明手続が必要とされたであろう。そのような正統性のある証明手続として、ローマ法と聖書に根拠を持つ二名証人の原則がふさわしかったのではあるまいか。」（上口・前掲第二章訳注（5）「解題―ドイツ糺問訴訟小史―」同訳『近世ドイツの刑事訴訟』三六一頁注（126））。

（10）フォイエルバッハの消極的法定証拠理論の主張は、ここではフィランジェリの考えを参考にしているのであるが（Schwinge, S.12, 藤尾訳・（四）一九二頁下段参照）、当時、原著の書評の中には「余計なもの」（Allgemeine Literatur-Zeitung, Jg.1813, 2.Bd., Sp.511ff.）、「役立たずであるばかりか、有害なものでもある」（Die Gutachten, S.137）として批判するものがあった。鑑定意見は、「直接証拠と間接証拠の区別を否定する〔あらゆる証拠は情況証拠である〕」（ibid., S.15ff., S.154, S.158）ことを前提に、法定証拠主義を理論的に否定して自由心証主義を支持するに至っている（フランスでは、テュルゴが法定証拠主義について、有罪判決のための十分条件としてではなく、それがなければ有罪を言い渡せない「ミニマムな基準」と見做すべきだろう、と主張している〔石井三記『一八世紀フランスの法と正義』（名古屋大学出版会、一九九九年）二三一頁参照〕）。当時は、法定証拠主義と職業裁判官との関係に対して、陪審制と自由心証主義との関係が必然的なものとして強調されたのである（vgl. Schwinge.S.74. 藤尾訳・（四）一九一頁下段参照）。

ちなみに、故佐伯千仭博士も、法定証拠主義の消極的側面を現代において生かすべきだと主張されていた（同「刑事裁判と誤判」ジュリスト四六九号（一九七一年）八七頁以下、同『刑事訴訟の理論と現実』（有斐閣、一九七九年）一五三〜一六七頁所収。なお、故佐伯博士の陪審制度論については、同『陪審裁判の復活』（第一法規出版、一九九六年）等参照）。

(11) アダム・スミスの会監修、水田ほか訳・前掲第二章訳注(11)一三〇〜一三一頁によれば、「イングランドでは一二ペンスを超えるすべての盗みは重窃盗とみなされて、教会人の恩恵なしに死をもって罰せられる。…（12）世紀からそうであった。）」、というのである。

# 第五章　事実問題の性質、弁護および裁判長の影響について

裁判上の事実問題に関して判断する日常的な悟性の能力をより根本的に評価するためには、その判断をするために陪審に提起される件の対象についての事情がそもそも一体どのようなものであるかが、なおより正確に検討されなければならない。そうすれば、その判断力の仕事は、とりわけよく出来たより完全な刑事立法の場合には、非常に多面的かつ複雑であり、また固有の法的判断と分ちがたく結びついているだけに、いずれにしても陪審制は、刑罰法規自体が古代の原始的な素朴な単純さを保持してきている国家においてのみ、大きな短所なしに存在しうることが明らかとなるであろう。

陪審は事実問題に関してのみ判断しなければならない、といわれる(1)。それは全く正しい。しかし、事実問題とは何であろうか。それは、事実のみを対象としてもち、認識の基礎として事実以外の何物をももたない問題であろうか。そのようなものがあるとすれば、もちろん、それは純粋な事

実問題であろうし、それは法的な判断の領域の全く外部にあるので、（もし我々が、その問題と一緒に考察されなければならない他のあらゆる問題に目を閉じるならば）その事実は健全な悟性のみによって日常的な経験から十分に解答されうる、という主張をともかく許容することになる。しかし、陪審の権限を単にこの種の事実問題に制限する者は、そのような陪審が、経験においていかに存在しているかということも、その本性からしてどのように存在しうるか、ということも知らないのである。

刑罰法規の適用の基礎にあるのは、（i）起訴されている者が有罪か、（ii）罪ある者がどのように処罰されなければならないか、という二つの主要問題の解答である。第二の問題は純粋な法的問題である。というのも、その問題は、法律および他の法的根拠により前提とされている行為と結びつけられねばならない法的効果を問うだけであるからである。これに対して第一の問題は、それが、行為の法的効果ではなく行為それ自体を対象とする限り、法律上の帰結ではなくその法的帰結にとっての法律上の前提条件をなす事実と行為事情との総体を対象とする限り、当然、事実問題と呼ばれうる。

しかしながら、「有罪なりや否や?」という問題は、その対象からすれば事実問題であるが、しかし同時に法的問題でもあり、それゆえに混合的な性質の問題(2)なのである。なぜなら、必ずしもあらゆる事実がある人の可罰性を決定するのではないし、可罰的と特徴づけられるべき行為は、ある刑罰法規の下に包摂されなければならず、したがって可罰性の法律上のメルクマールおよび条件をそれ自体もたなければならないから、「有罪なりや否や?」という問題（ｉ）は、（イ）あるいわゆる事実が歴史的に真実であるか、そして（ロ）これらの歴史的に真実なる事実が可罰的であるか、すなわち、これらの事実は、公訴がそれらの事実に帰する特徴をもち、その特徴のゆえにある刑罰法規に包摂されるか、という二つの本質的に互いに異なった、それにもかかわらず互いに分ちがたく関連している構成部分へと分解されるからである。（イ）の構成部分は、事実それ自体の所与の歴史的な確信の根拠に対する関係から解答されるが、これに対して（ロ）の構成部分は、事実と法律との関係から、すなわち、起訴された犯罪の法律において一般的に規定されているメルクマールを、目前の行為の歴史的に証明された特徴および事情と比較することにより、解答される[3]。

以上のことが明白であれば、「有罪なりや否や?」に関する事実問題の歴史的な構成部分は、その法律的な構成部分から分離されえない、ということも同時に当然のことである、――もし陪審制が、お笑い草であるにはあまりにも重大であるということによってのみ他の遊戯から区別される単なる遊戯とされるべきではないとすれば。――なぜなら、陪審が、自らに提起されるある事実が歴史的に真実であるか否かに関してのみ問われるとすれば、君主によって任命される裁判官が全く単独で、被告人の「有罪なりや否や?」に関して決定し支配することになるからである。というのも、その場合、行為の法性決定（Qualification）は常にその裁判官の判断だけに依存することになるからである。最も処罰に値する人間、国家または臣民の権利を最も無礼に侮辱する者を、罪がないとして放免することが、そのような裁判官の権力の手中に存在することになるであろうと同様に、最も非難すべきでない行為を犯罪として特徴づけること、罪なき者を有罪と説明することも、彼らの恣意に委ねられることになろう。我々がそのような陪審制をネロのような男の下に置き、彼がその絞首刑の計画を陪審員の宣告という形式の下でのみ主張しようと欲するという夢物語を彼に与え、それどころか、事実の純粋に歴史的な部分に関する裁判官として最も法的で最も公平な男たちを想定してみよ。――それにもかかわらず、ネロのような者でさえその意図の挫折に関して不平を言う理由を唯の一度でももたないであろう。そこでは、彼の唯一の犯罪がその美徳である尊敬すべき元老院議員が、彼は皇帝の神聖な肖像画の前で着替えたという内容、または彼は皇帝がその夜死亡したという夢を見たと語ったという内容の起訴を迅速に下さなければならないのだ！　これらの事実は否定されえない。というのも、排除されるべきでない証人たちが、前者を目撃しており、後者を聞いているからである。前者の着替えが起こったこと、あるいは後者の夢の話が起こったことが確実だとして、陪審は、純粋に歴史的な事実のみに関して判断しなければならない場合、どう解答することができるであろうか。今や、これ以上のことは必要ではない！　というのも、よく整備されている裁判官たちは、直ちにかの解答を採用し、次いで判断する、これらの事実は犯罪、不敬罪であり、したがって被告人は、不敬罪につき有罪であり、それゆえに死刑に処せられるべきであると。

不都合な真実を許容したり述べたりした文筆家を、たとえばローマの歴史のその年代記において一人のブルータスを賞賛したクレムニティウス・コルブスのような者、カ・カシィウスを全てのローマ人の最後の者と呼んだような文筆家を滅ぼすことが問題だとしよう。陪審制は、当該文書は被告人に由来するという純粋な事実問題だけを判断すべきで、被告人の誹謗文書、扇動的な文書、大逆罪的な文書について「有罪なりや否や?」を同時に判断すべきでないとすれば、どうなるであろうか。被告人を滅ぼすべき矢を選びかつ射ることが、陪審が保護のためにそれに対して設けられているまさに裁判官だけに完全に留保されているとすれば、どうなるであろうか。誹謗者、扇動者、不敬罪を犯した者、反逆者、その他彼らに気に入る罪を被告人になすりつける権力が彼らの手中にあるとき、どうなるであろうか。したがって陪審が、空虚な形式だけの遊戯であるべきでないとすれば、陪審が、陪審員たちによって無実であると認識される者以外は誰も起訴から放免されず、陪審員たちが有罪だと宣言した者以外は誰も処罰されない、というように作用すべきであるとすれば、起訴されている法律上の前提条件に関する問題は、その全範囲において、すなわち、その純粋に歴史的な関係においてもその法的な関係においても、その解答のために陪審が設けられる事実問題に含まれなければならない。それゆえに明敏なトロンシェが一七九〇年四月二九日のフランス立憲議会において、次のように述べた時に定立した規定は、完全にこのような事実にも妥当する:「事実関係から極めて独立しているために、その決定が類似のあらゆるケースに妥当するように純粋に慣習または法令に関する問題についての判断のことを、我々は法的判断と呼ぶ。他方、法律に基づいていようが正義・道徳の一般原則に基づいていようが、当該当事者に対してのみ、そして、当該当事者の置かれた状況に対してのみ適用されうる判断のことを、我々は事実的判断と呼ぶ。」

イングランドの人たちが事実問題という下で想像しているのは、その手続の全過程が最初から最後まで我々に具体的に示すようなものにほかならない。起訴状は、些細な刑罰につき、罪名、犯罪の実行の場所と日時、公訴事実の法律上の特徴を含まなければならない。このような法学的特徴は一定の伝統的な定式によって表現され、罪を問われている行為が立法の体系において属する犯罪の正確な種類と性質を特徴づけるだろう。そして、かの定式は非常に厳格に法律による（stricti juris）ので、その定式は、他のいかなる表現によって主張されようとも、たとえその表現がその意義からして同じ意味であろうと、その起訴状自体は無効にされうる。大逆罪の起訴は、記載された行為が、反逆的にかつ忠実義務に違反して（proditorie et contra ligentiae debitum）行われたということを含まなければならない。忠誠義務違反のあらゆる犯罪は、不忠実な（fellonemente）という表現によって特徴づけられ、強盗は強奪（ravished）という言葉、窃盗は不法に持ち去る（feloniously took and carried avvay）によって特徴づけられる。そのような起訴の全ての内容の評価が、丁寧な審理の後、今や、「有罪なりや否や?」というまさに一般的な問いによってその決定のために陪審員たちに提起される。そしてそのことによって、「有罪なりや否や?」を常に規定するあらゆること、証拠が十分か否か、その犯罪の概念にとって必要な法規的メルクマールが存在しているか否か、その者に帰責可能か否か、行為の実行の際のその意図が可罰的か否か、これら全てが、陪審員たちの肯定または否定の解答の対象として提起される。それゆえに、その議論は証拠と取り組むだけではなく、「有罪なりや否や？」に影響を及ぼしうる法的根拠とも取り組むことになる。原告がその事件に法律を適用できることを示そうとするのと同様に、弁護人も陪審員たちに、犯罪の概念が本件では全く成り立たないということ、あるいは被告人は法律が訴追されている犯罪について要求している意図で行為していない、ということを説明しようと努める。陪審裁判所の裁判長も、審理終結後に陪審員たちに向ける説示において、証拠の要約で満足するだけではなく、同時に法律を説明しなければならず、その説明に従って起訴されている事件は判断されなければならない。陪審員たちに説明されるのは、法律が謀殺、故殺、大逆罪のために要求しているメルクマールであり、陪審員たちに際立たせられるのは彼らがあの法規的メルクマールの存否に関して判断するために主として依拠して確かめなければならない審理中の諸点である。陪審員たちが、起訴状に記載されているとおりに、事実の歴史的かつ法学的メルクマールを見い出し、疑問の余地なくかつ完全に根拠づけられていることを発見するとき、陪審員たちは、ただ、「有罪」または「無罪」という単純な宣告を与えるだけである。陪審員たちが当該行為につき起訴されているより大きな犯罪ではなく、より小さな犯罪のメルクマールを見い出すときのように、起訴は法学的に部分的にのみ根拠づけられていることを見い出すとき、行われるのは一部は無罪、一部は有罪の合成された特別評決、たとえば謀殺は有罪ではなく故殺の有罪、強盗の有罪ではなく窃盗の有罪、人目をしのぶ（heimlich）窃盗の有罪ではなく（単なる）窃盗の有罪というものである。陪審員たちが、純粋な事実に関して最終的に一致するが、その事実と関連する法的問題を疑う場合、その場合は同様に、（評決は）純粋に歴史的な問題で満足して、法的な問題を明白に裁判長に委ねる各別の評決が行われる。しかし、そのような評決は、ただ陪審の良心と所見に依るにすぎない。陪審員たちが疑いをもたない場合は、彼らはあらゆる法的問題に関して、単一の評決（たいていの場合これが行われる）または最初の類の合成された評決によって、自由に決定する。裁判所は、いかなる場合にも、明白な要求に基づく以外にあたかも陪審の委任からのようにそのような法的問題の決定をしてはならない。――一七九一年九月のフランスの法律も、事実問題の概念と範囲に関するこのような見解をイングランドの立法と共有していること、それにもかかわらずフランスの法律はこの問題に対する満足すべき答えに達する手段において異なることを、ブルギュイニョンはくどくどと説明している。というのも彼は同時に、「有罪なりや否や？」に関する問題において歴史的な問題と法的な問題を分離することは、実行すらできず、かつ、全手続をその制度自体の破滅で終わらざるをえない果てしない混乱に陥れるということを、最終的に証明しているからである。

かくして今や、上述してきたように、事実問題は必然的に歴史的な要素と法学的な要素との二つの要素から構成されているので、日々の市民生活の流れによって出し入れされる日常的な経験は、最も簡単な訴訟において「有罪なりや否や？」に関して入念かつ良心的に判断するために必要な知識のはるかに最も小さな部分のみを伝えるにすぎない、ということが自ら明らかとなる。――いずれにしても、この日常的な経験が与える知識は、それに則って純粋な事実問題の歴史的な確実性が判断されうるもので、その判断はそもそも一般に、事実問題の判断の中で最も小さくかつ容易な点なのである。しかし、どのようなメルクマールがあれこれの犯罪に含まれるのか、ある犯罪が他の犯罪から正確にどのように区別されるのか、帰責と法的な過失に関する特定の見解、処罰すべき意図と処罰すべきでない意図に関する特定の見解、――これらは、法律からのみ汲み出されうるものであり、研究によってのみ根本的に獲得されうるものであり、文字の知識だけではなく法律の精神の知識をも必要とする。その知識ですらそれだけではいまだ十分ではなく、適用によって技術へ、練習によって熟達へと到達していなければならない。かくして問われることは、ある者の「有罪なりや否や?」に関してより確実かつより入念に判断されうるのは、その職業が法律の知識および訓練のある人々によってか、それとも、法律の知識もなくその適用において訓練されてもいない人々によってか、ということなのである。この問題の解答は自ら明らかである。というのも、その問題は換言すれば、その根本的な判断が特定の知識およびその知識の使用における訓練を前提とする対象は、無知で訓練もされていない者か、または造詣の深い訓練をうけた者か、いずれによってより確実に判断されうるのか、という問題であるからである。

「有罪なりや否や?」に関する事実問題は同時に、ほとんど見渡すことのできない広がりをもつその対象を考慮する中にあり、無限に多くの枝と分枝に分かれるが、その各々は必然的に全体に属し、それらは全体として一部は歴史的な要素から一部は法的な要素から構成されている。――陪審が、起訴の内容の真偽を判断するために重視しなければならない第一のものは、行為の外部的なもの、すなわち純粋に客観的なものである。被告人は、ある家に忍び込み、その部屋で動産を取得していたが、しかし、その部屋を去る前に取り押えられた。その際、彼のポケットの中にペンナイフが発見されたが、それについてその窃盗犯人が主張することは、彼はそのペンナイフを決してその窃盗と関係して携帯していたのではない、ということである。それにもかかわらず、その起訴は武器を携帯した窃盗の既遂に基づいている。陪審員たちは、その被告人が有罪か、しかも武器を携帯した窃盗の既遂について有罪か、を判断しなければならない。陪審員たちは、窃盗には十分な厳密さで何が必要とされているのか、すなわち、窃盗についての法律の意義および精神において物の取得に含まれるのは何か、したがって、本件の行為は法律がそれを予定しているような取得であるか否か、武器を携帯した窃盗という概念について立法者の観点は結局何であったのか、したがってペンナイフも、身体に対する虐待に向けられた意図の欠如でさえも、武器を携帯した窃盗の本質を規定するのか否か、ということを知らずにこの判断を自分自身の確信からできるであろうか。

ある者の責任に関する判断の第二の本質的な要素は、外部的な帰責（imputatio facti）である。Aが非業の死を遂げたことが証明され、「その故殺の責任」がBに関して言い渡されうるために、B

の行為の中にその死の原因が含まれていること、そしてBがその死について正犯としてまたは幇助として働いた、ということが判断されなければならない。正犯とは何であり、幇助とは何であるのか。これらはここでは、その判断がそれに依存している概念であり、もし一〇〇件のうちの一件も誤った判断が存在すべきではない、または一〇〇件のうち説示する裁判官に盲目的に従う判断が一件のみでも存在すべきではないとすれば、陪審によって正しくかつ明確に理解され、法律の完全な正しい意義において熟慮され、適用と訓練によって熟達されていなければならない概念である。たとえば、これは次のような場合だけである。被告人Aは、自ら殺害を完成したのではなく、適切な機会にAの敵であるCにAの仇を討つために一般的な表現でBに謀殺を依頼した。Cは二、三日後にBと遭遇し、侮辱的な言葉によってBに諍いの契機を与え、今度はBはCをナイフでその胸を刺して、「これは私とAのためなのだ！」と言ったのである。裸の事実は、私が前提としているように、明らかに証明されているが、しかし、その裸の事実はいまだ事実問題に答えるものではない。すなわち事実問題とはAについては――謀殺につき有罪か――ということである。陪審はその根拠を、ここで適用される法的概念以外のどこにもっているか。しかもそれは、その合成された法的問題なのだ！　人は、一般的な依頼によってある犯罪の正犯となることができるだろうか。B自身が一撃を与える前にCから侮辱されていたという事情は、被告人の人格における正犯という性質を破壊しないであろうか。この問題やその他の多くの問題に関して、職人はその店において、商人はその仲間について、医者はその病床の前で、必要な知識や練習を収集するだろうか。なるほど最後に陪審員たちの日常的な悟性は、慎重に吟味する法学者よりも多分一層迅速にすら自己の意見を見い出すであろう。しかしながら、いずれにしても我々は、目隠しをされた目で偶然にのみ目的に出会い、したがって、今日はその陪審から有罪と聞いたAは、ひょっとすると明日は、他の陪審によって罪とならずとしてそれにつき不処罰となっているかもしれないであろう。――

さらに、有罪だという結論を根拠づけるためには、被告人の違法な非難すべき意思行為がその行為の基礎となっているか、という事実問題の第三の要素が正しく答えられなければならない。外部的行為は証明されたにもかかわらず、行為者の全ての責任を排除する事情がひょっとしたら存在していないであろうか。起訴された者またはその弁護人が免責のために援用する事情は、あらゆる刑罰を免れさせるために正義がそれを前提としているような性質の事情ではないであろうか。違反者は悪意のある故意であったか。彼は単なる不注意という責任があったのか。その行為はひょっとすると単なる偶然に帰せられえないか。日常的な悟性はその日常の経験でもって、ここでまたもや危険な状態にある。というのも、そこでは、日常的な悟性は、糸が少しばかりもつれたにすぎない場合でも、たちまち初めも終りも発見できなくなるからである。――単に違法な意図（Absicht）に関する見かけ上非常に単純な問題の場合にも、――それでもう陪審はいかに多く協議し考えることにならないであろうか！　陪審員の一人は、犯罪者を、彼がその行為の際に立派な究極目的をもっていたことを理由として、他の陪審員は、彼がその際、他人を害するのではなく自己に利用するという意図を持っていたにすぎないことを理由として、第三の陪審員は、彼は確かに傷つけるという意図でその行為を欲したが、しかしその結果をはっきりとは意図していなかった、等々を理由として、無罪として放免するであろう。したがってフランスにおいては、特にいわゆる故意か過失かという問題（question intentionnelle）さえもそうなので、最も奇妙な判決すら明らかになっている。ロルヌ県の刑事裁判所で陪審が認識したことは、被告人は複数の偽造を実行した、被告人はこれらの偽造の助けで闇取引の金額を受領し報酬を得た、しかし、――被告人はそのような意図で犯罪を実行してはいなかった、ということなのである。――一八〇六年一〇月一六日、陪審が、あるジョアン・ポルタィュにつき説明したことは、（1）フランツ・クロザに対して暴力的な挫傷（Kontusion）を加え、フランツはこれで死亡した、ということが証明された、（2）フランツは任意に（freiwillig）かつ意図して（volontairement）、もっとも殺害された者（被害者）の激しい侮辱によって立腹させられて、実行したということが証明された、しかし（3）違法な故意でかつ犯罪を実行するという意図で（mechammant et a dessein du crime）行為したということは証明されなかった、ということである。グラフ・フォールはとりわけ以下のような例を伝える。通貨偽造に対する起訴につき陪審は、その事実自体は証明され、被告人はこの行為を知りながら実行したと認めたが、それにもかかわらず、以下のことは証明されなかった、すなわち――「被告人が他人を害する意図で行為したこと。陪審は、ここでは、いわば以下のように結論づけていた。すなわち、被告人がその行為を知りながら実行したことは疑われえないが、被告人は他人を害する意図はなく、むしろ、自分自身の欲求を満足させようとする意図をもっていた可能性がある。」この宣告は、まさに概念に忠実でもあり奇妙なものでもあった。この誤りは、ただ「他人を害する意図」(dessein de nuire a autruitoiu)という言葉の誤って理解された意義の中に存在していただけなのだ。立法者は、意図的な行為がその結果生じる損害の意識と結びついているところで、すでにこの意図を見い出す。教養のない日常的な悟性は、唯その損害のためにその損害を惹起しようと努める意図だけを考えるので、したがって、その損害が他の目的のための手段として意図されるところでは、損害を見い出すことはできなかった。その錯誤はしたがって、単なる法的錯誤である。教養のない日常的な悟性は立法者に誤って答えた。というのも、教養のない日常的な悟性はその問題の意味を誤って理解していたからである。しかし教養のない日常的な悟性は、この意味を無数の事例において誤って理解するに違いないであろう。というのも、教養のない日常的な悟性は日常的な悟性として、まさに、意図および立法者の意図を熟知し、かつその思考において鍛えられる職業も機会ももたないからである。

あらゆるこれらの困難は、刑事立法自体がより完全になればなるほど、何倍にも増える。というのも、その場合、刑事立法は、犯罪の属および幹種を区別するだけではなく、主たる性格に付け加えられるべき、可罰性を加重したり減少させたりする事情の相違に従って、特殊な亜種および程度をも各々の特殊な種の非常に多くの種類として区別するからである。それゆえに刑事立法の理論がそこにおいて犯罪を区別する関係の中では、事実問題と結びつき、したがって事実問題を必然的に紛糾させる法的観点が何倍にも増えかつ純化されるので、鋭い法的概念によってのみ導かれその点で訓練された悟性が、その筋道を正しく理解し確実に押えることができるのである(4)。

日常的な悟性が陪審員たちの口を通じて述べられるべき神の託宣であり、それは審理によって日常的な悟性に与えられる事実の純粋な偽りのない印象であり、その宣告の真実性に対する信仰がその印象に基づくものとすれば、陪審の知的自由は最も注意深く保障されなければならず、陪審の判決の公平さを妨げ、審理自体によって惹起される印象を弱め、取り消しまたは変更するかもしれないあらゆるものは、その心から除去されなければならない。陪審員たちの判決が、このような完全な独立性において存在していないところでは、審理と日常的な悟性の固有の自由な目との間に何かあるものが押し入ってよいところでは、また、なお非常にわずかであるにせよ何かある後見が日常的な悟性に助言および援助として与えられるところでは、真の陪審裁判所はもはや存在しない。なぜなら、そこでは陪審員たちの心の中に反映する純粋な事実自体がもはや存在せず、国家は、陪審員たちの宣告が、日常的な悟性自身の純粋な言葉なのか、それとも、他人の声の谺にすぎないのか、について何の保証ももっていないからである。

もし立法が、被告人の正式の弁護を許容するとすれば、それはもう陪審裁判所の固有の精神から遠ざかることになる。審理の形式に対する被告人の異議および本来の裁判官職の判断に属する他の事柄に関する法的問題が法学識のある者によって論議されること、証人の尋問の際に被告人を支持し、被告人をしてその弁護に役立つモメントに注目せしめ、弁護に必要な事情に関して証人を尋問する弁護人が、被告人を援助すること、このことは弁護一般についての権利の本質的な帰結であり、それは、陪審裁判所の体系および全ての他の制度と最も完全に調和する。それゆえに、イングランドの裁判所の実務は、生命と身体に対する訴追の際に被告人にこの意味での弁護人を許容しないというイングランドのコモン・ローの厳格な禁止を、陪審裁判所の精神を危険に晒すものであるとの懸念なしに、それを求めて対立する慣習によって敢えて廃止するもっともな理由があった。しかしながら、事実そのものに関する、立証に関する、使用された証拠方法の重要性に関する弁護人の正式の推論は、全て、そして類似のことも、学識裁判官の裁判所では裁判官の代りにすぎない。というもの、ただ事実のみが、技術のいかなる付加もなしに自然の素朴な真実において、陪審裁判所に語りかけるべきであるからである。実施された審理が弁士の精神によって陪審員たちの心へ移行するとすれば、その自然のままの確信が立証の技術に依存せしめられるか、またはむしろ学識という武器で武装され、真の確信ではなく偽瞞的な説得を狙いとする器用な悟性と素朴で不用意な武装されていない悟性との間の闘争ということになり、その闘争においては、あらゆる有利な点が前者の側にあり、あらゆる不利な点は後者の側にある。陪審員たちの心は、二重のしばしば全く対立する印象に、すなわち、一方では審理の印象に、他方では、技術的に準備された演説の印象に晒される。日常的な悟性は能動的であるよりは受動的であるから、選択が必要な場合には、自分に最も近いところにあるものを取るか、または最も厚かましく押しかけてくるものをまず第一に取る。審理自体においては、全ての光線が拡散され、弁論においては光線は唯一の焦点に集められる。前者においてはまさにそれゆえに光線はただ鈍く冷たいが、後者においては暖かく明るい。かくして正式の弁護の場合には、陪審員たちにとっては事実のありのままの真実性がたいてい完全に消滅することになり、その判決は、日常的な悟性を眩惑し、自分自身を疑わしめ、そして才能によって操作される技術というワナで自分の好む方向へ操る力を持っている弁士の犠牲となる、という最大の危険の中にある。その点では、立証のために被告人に弁護人を許容しないイングランド人の手続は、陪審裁判所自体の装置と最も正確に結び付いている。その手続は、それが被告人に禁止していることを原告に許容している点でのみ、矛盾しておりかつ不公正なのである。矛盾しているというのは、原告の側における作為的な推論は、被告人の側におけるそれと同じ理由から陪審制の本質に反するがゆえである、――不公正だというのは、弁護の手段は訴追の手段と権衡を保つべきであるがゆえである。

しかし今や、完全に自由な独立性があらゆる陪審裁判所の存在の原則であるときに、その独立性を多かれ少なかれ制限し後見的な指揮の下に置かないようなより新しい立法は見い出されない、ということは何に由来するのであろうか。あらゆる立法がこの事実によって、自分自身に夢中になる日常的な悟性の褒め讃えられている絶対確実性に対して最大の不信を述べ、日常的な悟性を、もしそれが狭い暗闇の中であちこち手探りで歩きながら、錯誤の底知れぬ穴へ落ち込むべきでないとすれば、それはまさに直線の道へと導かれねばならず、まさに他人のより啓発された悟性によって前を照らされねばならない近視と見做し、そう取り扱うのである。

とりわけ、この後見的な行為に属するのは、裁判長たる学識裁判官の説示であり、彼は討論の終了後に陪審員たちの評議を指揮し、彼らの学識のない判決の助けとなるために、それを義務づけられている。すなわち、「陪審員たちは、その思考において訓練されていず、裁判の経験がなく、法的概念を知らず、もし彼らにより確実な手引がその手に与えられていなければ、審理の迷路の中で必然的に迷うに違いないであろう男たちである。如何にして彼らは、彼らの眼前で書面、証人の証言、発言と反論によってごちゃごちゃと処理される、互いに累積される事実と事情の多様性の下で、重要なことそうでないこと、本質的なことと偶然的なことを区別し、判断の要素を多くの中から迅速に取り出すことができようか。そして、あれやこれを支持し、訂正し、説明し、影響力を低下させたり増強させたりして、それを最後に明確な説得力ある結論にまとめるために、その正しい決定されつつある観点の下で理性的な思考の順序で命令することができるであろうか。これには習得された学問によって導かれ、練習によって強化された精神の力が必要である。というのも、それこそが、材料の多様性によって分散させられたり、感覚を麻痺させられたり、圧倒させられたりすることなしに、対象に関して自由で未決定のままで、かつ迅速な判断力でその全体を把握することができるからである。如何にしてその精神の力は、法的諸問題が直接事実問題と同時に発生し、それらの諸点にとって法律は未知で、かつ評議の機会に陪審員たちの前で完全に明確でもないのに、最終的にそれら諸点に関して決定できるであろうか。かくして裁判長は、審理の分散した資料を一般的な概観へと要約しなければならず、事件がそこから判断されるべき観点を確定しなければならず、判断要素、賛否を比較しなければならず、事実問題の判断の際に適用されなければならない法律上の概念を説明しなければならない。」、というのである。

しかし、この点に、陪審裁判所の全ての讃美者が彼らの結論の主たる強さをその上に築いている前提に対する明白な矛盾が存在し、そのことによって、学問的な悟性に対して最初は日常的な悟性に認められていたあらゆる長所が、暗黙のうちに、まさにそうであるがゆえに一層はっきりと再びなくなってしまう、と私には思われる。日常的な悟性は、そのありのままの加工されていない本質に、すぐれた確実性、公平さそして視野の鋭さが認められるがゆえに、裁判官の席へ就けられるが、しかしここでは、再び学問的な悟性が、日常的な悟性にまさに判断されるべき対象を加工しあたかも仕上げてやらねばならず、日常的な悟性は、その学問的な悟性からその教示を受け取るのである！事実が議論から判明するように、日常的な悟性は事実から自由にその確信を汲み出すべきである。それにもかかわらず、日常的な悟性はここで、自己が判断する前に学問的な悟性が自己につき出し、かつその対象がその中に完全でもなく、またその本来の姿においてでもなく映し出されている鏡の中にその対象を見るように義務付けられる。法学識のある弁護人の推論についてまさに述べられてきた全てのことよりも、なおはるかにより多くのことが、裁判長のこの説示について妥当する。陪審員たちのあらゆる注意がこの説示に向けられ、それは、彼らの判断に直接先行し、最後のそれだけに決定的な印象をもつくる。裁判長のその巧拙、裁判長の人間性や厳格さは、最も決定的な影響を及ぼす。裁判長によって見落とされた事情、あれこれ裁判長によって置かれた光と影が陪審員たちの見解に、決定的なおそらくは本来の見地とは完全に反対の方向を与える。そして、この反対の方向は最後に、陪審員たちが自分たち自身の判決を宣告したと信じているのとは異なっているにすぎない判決を与える。もちろん陪審員たちは、自己の観念に従ってその見解を良心的に決めるが、しかしその観念自体は、彼らが自由に自ら獲得した自己の所有物ではなく、他人から借用されたものであり、裁判長が説示の際に彼らの精神に置いたものなのである。

法律は、裁判長が自己の確信をはっきりと述べることを、ともかく禁止してはいる。しかし裁判長にとっては、自己の確信を、それが説示によって少なくとも密かに貫徹しないように厳格に監視することが、非常にしばしば不可能となる。たいてい説示は明確に、審理が彼によって行われ、証拠が彼によって理解されまとめられたような方法で十分明確に宣言される。さて裁判長自身の意見がどのように伝えられようとも、それは陪審員たちにとって権威があり、裁判長が分別、悟性そして修得された法的なるものによって公の信頼をより多く得ていればいるだけ、陪審員たちの心にそれだけ一層強い影響を表明することになろう。陪審員たちは、――国家の最高の利害が個人の最高の財と争いになり物おじしているところで、対象の重要性で満ち満ちて、自己の固有の職業の領域の外部に存在する事柄に関して判断するよう呼び出され、主題の大きさによって怖気づかされ、自分自身の経験のなさに疑い深くなって――彼らが（彼らと）同様に公平であり、高い洞察、より包括的な教養と法的な事柄における修得された実習という長所をもち合わせていると信頼している男（裁判長）の見解を尊重する以外に、自己の良心をよりよく落ち着かせることはできないであろう(5)。

イングランドにおいては、陪審は裁判長がその説示において彼らに前もって判断していたことに従う、ということ程ありふれたことは何もない。たとえば、陪審が国王の裁判官の説示と反対の宣告をする例は非常に珍しいので、常に注目に値するものと見做される。裁判官の説示は大いに主要な問題と見做されるので、人は、陪審裁判所において議長を務めるべき裁判長の周知の性格から、有罪または無罪放免の量に対するかなり確実な推論を前もって行う。犯罪者たち自身はそれに従って彼らの予測を行う。多くの犯罪者たちは、厳格な性格の大司法官が次の会期に伯爵領に来ることを知るや、直ちに逃亡するが、周知の寛大さをもった裁判官が裁判官席に就くところでは、喜んで次の会期には帰って来て、その裁判官を通じて陪審員から無罪を得ることを希望する。高齢のイングランドの法学者は、陪審員たちは彼らが裁判長の説示に反対したとすれば、懲役または罰金(Geldbusse)を科されるべきであると主張するほどであった。――ブロンは陪審員たちの判決に対する裁判長の影響に関して曰く：「陪審員たちが裁判長に期待するのは、情熱や誇張や利害にとらわれていない完全な真実なのだ。――裁判長に備わっている高い品位、裁判長による審理の切れ目のない指揮、法律が原告と被告人との間で裁判長に示し、両者に権利を保障し、証人の証言あるいは被告人の答えや説明の中に隠されている真実を究明し陪審員たちの宣告を準備しようとしている地位、これら全てが裁判長の中でひとつになって、必然的に陪審員たちは彼を信頼せざるをえなくなる。陪審員たちの意見の自由が無制限であるかはどうであれ、裁判長の意見を完全に抑えるのは困難、否、不可能でさえある。というのも、裁判長はその上、審理を如何に指揮するかという方法、彼がその説示において原告または弁護のポイントを説明しようとした苦心の大小によって、陪審員たちの心を彼自身の意見に転じる力をもっているからである。」――ブロンはこのような考察を、裁判長席に招聘される者たちにとってのモラルで終えている。なぜなら、そのような者たちは、錯誤からまたは意図してその影響を罪ある者に有利にも罪なき者に不利にも濫用するかもしれないからである。全ては素晴らしい！　ただ問題なのは、それによって一体陪審制にとって何が獲得されるのかということである。影響力のある裁判長たちの洞察力と知恵とが完全であればあるほど、陪審制はそれだけ一層余計で無目的と思われる。かくして、それは他人の手の中の玩具にすぎない。私はそのとき一二人の陪審員を見るが、頭は一つ見るだけである。その唯一の頭の意見が他の一二の頭を通過するがゆえに見るのは唯一の思想だけであり、その思想は、この唯一の頭によって前もって考えられ、他の一二の頭によって後から考えられるかまたは受け売りされる。かくしてたいていの場合、被告人の運命を決定する真の裁判官は、一体誰であろうか？　あの唯一の者こそ真の裁判官なのだ！　他の一二人は、それらの者の舌の上を、あの唯一の者の意見が、法律上の形態と法的に有効な力とを受け取るために通過せねばならない人物にすぎない。

裁判長の説示は、事実問題と結びついた法的観点に関する限り、たいていの場合まさに事情により役に立たないかまたは陪審裁判所の本質にとって好ましくない。それは役に立たない、——裁判長が、法律一般について説明すること、問題となる純粋な法的概念をその一般性において陪審員たちに提起することだけで満足する限り（裁判長は本来それで満足すべきであろう）、裁判長の説示は役に立たない。なぜなら、法律とまさに判断されるべき事件との間には、概して、はるかに広い深淵があり、多くの派生的な挿入句によって初めてその上に橋がかけられねばならないのであるが、無学で訓練を受けていない悟性は、それに関しては全くほとんど理解していないからである。全体から切り離された一般的な概念を、それを正しく理解し適用するために、ただ聞くだけではいまだなおはるかに不十分である。訓練を受けていない者は、正犯、幇助、故殺、謀殺の一般的な概念を説明されねばならない。彼は果たして、いわば複雑な条件についてそのメルクマールが動揺するのに、これらの概念を確実に使用できるであろうか？　私にとってはあたかも、よく訓練されたある剣士が無知な剣士に剣術の規則を説明し、その説明に基づいてさあ直ちに生死を賭けた闘争が続くと後者に期待するように聞こえる。ここで裁判長は、（イングランドにおいてたいてい行われるように）

この無知な剣士に同じ轍を踏ませないために、これらの法的概念を本件自体へ適用することを自ら試み、そして今度は法律の所与の説明に従ってなおも述べねばならない——君たち陪審員があれこれの事情を証明されたと認めれば、法律が適用され、君たちは、行為は謀殺であると宣告しなければならない。しかし、君たちがそれを証明されていないと考えれば、君たちはその反対を宣告しなければならないと——。ところで、陪審員たちは法学識のある裁判官よりもよりよく法律を理解していいるとは思っていないので、陪審員に残されていることは、学識裁判官が陪審員に前もって示したこの適用を、真理として妥当せしめ、そしてそれゆえに、学識裁判官によってコメントされた歴史的な点のみを彼らが正しいと考えるやいなや、学識裁判官が彼らに条件付きで前もって述べたことを、無条件で受け売りをする、ということしかない。そうだとすれば、行為の法性決定(Qualication)に関する判断は、誰に由来するのであろうか？　理論においては陪審員たちに由来するが、実際には裁判長たる学識裁判官に由来するのである。

あるイングランド人は次のようにいうかもしれない。「しかし君たちは、陪審制の長所をそれが見い出されえないところで求めようとするのが常である！　この制度に対するあらゆる諸君の非難は、君たち自身に対する論難にすぎない！　通常の場合にあらゆる主要な力が結局裁判長の手に集中されること、そして、陪審制一般をこのような例だけによって判断しようとする者は、陪審制を単に裁判長の道具として見做す誘惑にかられるかもしれないということを、誰も君たちに否定したりはしないだろう。しかし、一度国民の公的自由が国王の越権と矛盾に陥り、一度王室が刑事訴追をその政治的目的のために使用し、議員を国民の権利の勇敢な弁護のゆえに反逆罪として裁判所へ引き出し、誹謗文書取締法の恣意的な拡張によって思想と言論における自由を抑圧しようとするかもしれないとき、諸君は、原告がそのあらゆる技術を、説示する国王裁判所裁判官がそのあらゆる知識を、陪審員たちの心から有罪を獲得するために、いかに余すところなく使うであろうということ、それにもかかわらず、結局、王室は、あらゆるこれらの努力で自由の公の精神により挫かれた自己の意図を恥じる以外にはそれから何も得ない、ということを理解するであろう。このような場合に陪審制は自己の勝利を祝うのであり、このような危険な場合に陪審制は自己の長所を発揮するのである！　陪審制は他の場合には見かけ上裁判長の判断だけに形式的に奉仕するかもしれないが、その際、何が失われるのか？　このような場合には、我々はいずれにしても陪審制一般を欠いてもよいであろう。したがって、陪審裁判所があの善行を君たちに与えうるときには、諸君はその欠如を甘受すべきなのだ。最も貴重な果実がなる木に多くの萎びた花もなることを怒るなかれ。しかし、それが前者を実らしえないと、それをその祖国の大地の上にのみ放置せよ。それは、君たちがとくにそのためにそれを使用しようとする目的に適していない！　諸君はその中に真実のすぐれた認識手段を求めるが、我々はその中に我々の体制および政治的自由の優れた保護手段を求めるにすぎない。」

この反対論はもっともであろうか？　他人はそう判断するかもしれない。私が知っていることは、私はそれ以上何も反対してもち出さないことを心得ている、ということだけである。

［訳注］

（1）フランスではフランス革命によって陪審制が創設された際、固定刑（絶対的法定刑）主義と結びつけられて、事実問題は陪審の専権とされ、法適用は裁判官の権限とされた。その背景としては、三権分立を前提とする「裁判官は法律の言葉を語る口である」という『法の精神』（モンテスキュー）の影響が指摘される（最高裁判所事務総局刑事局監修『陪審・参審制度　フランス編』〔司法協会、二〇〇一年〕六頁参照）。陪審が「市民的自由の守護神」（Schmidt,Eb.,S.264）といわれるとき、裁判官と陪審員との間での機能の厳格な分離の中に、陪審の政治的な優位が認められ、政府の権力から個人の自由を保護するという最も重要な任務を陪審が実現できる、と信じられたのである（vgl.Schwinge,S.12、藤尾訳・（一）三八八頁下段）。

（2）「いわゆる事実問題の二重の性格」（Schwinge,S.12〔藤尾訳・（一）三八九頁下段〕）は、フォイエルバッハの陪審制度論を鋭く批判した論敵によっても承認された（Die Gutachten, S.15ff.〔vgl. Schwinge,S.27, 藤尾訳・（二）一七九頁上段〕）。鑑定意見は、このことを当然の前提として、「有罪なりや否や」の決定を職業裁判官ではなく陪審員に委ねるべきことを主張しているのである（ibid., S.170,S.174）。この点、ヘーゲルも、「犯罪事実」の認定は、「外面的な事象に属する事実や行為（ある人が銃を発射して他の人を殺す）」の認定と、「かかる事実や行為の類別（前述の銃の発射は謀殺か故殺か）」の認定の二つの部分からなる、としている（松生建「刑事裁判と人間の自由―ヘーゲルの陪審制度論―」内田博文ほか編著『市民社会と刑事法の交錯　横山晃一郎先

生追悼論文集』（成文堂、一九九七年）一八六頁）。

（3） これは、わが国の「裁判員の参加する刑事裁判に関する法律」（六条一項二号）において「法令の適用」として、職業裁判官と裁判員とが協同して決定する事項とされている。以下の叙述から判明するように、フォイエルバッハは陪審員の法令の適用の能力に懐疑的である。これに対して、鑑定意見は、フォイエルバッハを批判して以下のようにいう（Die Gutachten,S.175）。「日常的な悟性は、『有罪なりや否や』を正しく認識するための必要な能力を完全にもっている。日常的な悟性による決定こそ、犯罪者のそれも行為の可罰性を洞察できたということの最も確実なテストである。」

この点、シュヴィンゲは鑑定意見を次のように敷衍している。

「事実問題と結びついている法律的な要素は、もっぱら学問の領域に属するのではなく、健全な人間悟性に含まれる。フォイエルバッハは、普通の悟性をあまりにも公平に扱っていない。個々の、書かれたあらゆる実定法規のうえに立ち、これを生み出す『いま一つの法』についての知識は、およそ自分の感性を意のままにできる者であれば、誰でも持っている。けだしそれは、『その知識が大学や裁判所で得られる法ではなく、あらゆる人間の胸中に埋めこまれ、学識のない者もまた、自分の聖書から学ぶことのできる法だからである』。」「ある法律に対する違反を処罰することが許されるのは、行為者が当該法律を現に理解したか、すくなくとも理解することが可能であり、それゆえ、自分自身の行為をこの法律にしたがって規律し、可罰的行為を避けることができた場合だけであり、したがって法律が、その動機づけのはたらきを果たすことができた場合に限られる。それゆえ、事実問題に関する決定を普通の悟性にゆだねるのは正義の要求である。けだしこうしてのみ、行為者は、学識はないが健全な悟性によって、行為と法との関係を認識することができたのだという保証が得られるからである」。

このような鑑定意見はメーザー（Möeser, J.）の次のような「例のなじみ深い考え」を採用したものであることが指摘されている。

「その違反がその者の負担とされる法律を現に理解し、かつ了解したこと、またはすくなくとも理解し、了解し得たことを保証しないで、ある者に罰をくわえるとすれば、これほど不当で、残酷なことがあるだろうか。しかしながら、犯人が現に法律を理解していた、あるいはすくなくとも理解することが可能であったし、理解すべきであったということの最もはっきりしたテストは、うたがいもなく、六人あるいは一二人の学識のない男たちが、この法律にしたがって犯人に有罪の言い渡しをおこない、まさにこの判断によって、違反された法律の一般的な概念がどのようなものであったか、ただの健全な理性を授けられたすべての者が、この法律をどのように解釈したかをはっきり示した場合である。」。

この点につき、鑑定意見は、「誰でも素朴な教養のない悟性によっても法令の適用はできる」とし、ただ「窃盗と恐喝、既遂と未遂の如き細かい区別」をさせてはならない、という（以上、Schwinge.S.28、藤尾訳・(二)一七九頁下段〜一八〇頁上段による〔なお、藤尾訳を一部変えている〕）。なお、この点につき小林憲太郎「刑罰に関する小講義（改）」立教法学七八号（二〇一〇年）五九〜六〇頁注(48)参照。

(4)　原著の書評において、フォイエルバッハの主張を支持するものもあった（Allgemeine Literatur-Zeitung.Jg.1813.2.Bd.Sp.586ff.）。我が国においても井上毅は、「事実判断と法律判断の区別はつくものではない。…さらに、正当防衛についていえば、これを挑発してなぐった後に殺したものとどのようにして区別できるというのであろうか。」、という疑問を述べていた。これに対して、ボアソナードは「事実判断と法律判断をともに陪審に行わせる方が、両者をともに陪審に行わせない場合より優れている」と反論している（藤田政博『司法への市民参加の可能性　日本の陪審制度・裁判員制度の実証的研究』〔有斐閣、二〇〇八年〕一七〜一八頁、一九頁参照。なお、三谷・前掲第二章訳注(6)一〇一頁以下参照）。

(5)　Feuerbach,Betrachtungen über die Öffentlichkeit und Mündlichkeit der Gerechtigkeitspflege,Bd.2,Über die Gerichtsverfassung und das gerichtliche Verfahren Frankreichs.in besonderer Beziehung auf die Öffentlichkeit und Mündlichkeit der Gerechtigkeitspflege,Gießen 1825,S.476ff. これは書名からも判明するようにフランスの陪審制度の分析に基づいている。

## 第六章　事実問題の分割と陪審制の欠陥を治癒するその他の方法について

フランスの立法者たちは、陪審裁判所の導入の際に直ちに、用心深い不信の中でイングランドの人たちよりも先へと進んだ。彼らは、判断の対象を一つの全体へとまとめることで満足している。これに対してフランスの立法者たちは、主要問題を日常的な悟性の理解力に近づけるために、それをその各別の構成部分へと分解した。――イングランドの陪審に提起されるのは常に、最も広い範囲にわたる訴訟においても、「有罪なりや否や？」という単純な問いだけである。これはそこでは全く合目的であり、かつ十分なものである。これに対してフランスの立法者たちは、この単純性を危険で、混乱の原因となると考えた。――被告人の責任は（正当にもフランスの立法者たちの考えるところによれば）、種々の要素によって、すなわち、事実自体の客観的な確実性、外部的な事実的な帰責の確実性、内的または法学的帰責が依存する諸条件の存在によって決定される。立法者が、陪審員たちを完全に彼ら自身に委ねるとき、一体、誰が立法者に、陪審員たちの未熟な学識のない悟性が、これらその他のあらゆる類似の要素を考慮することを保証するというのか。陪審員たちはその事実の帰責の議論が、外部的な事実を省察する際に、その事実の帰責の議論が陪審員たちに見逃されたかどうか、あるいは陪審員たちは証明された違法な意図に関して事実自体または有罪の証明の不足を看過しなかったかどうかを、知っているというのか。――さらにある人間は、ある大逆罪で有罪であり、他の大逆罪では無罪であることがある。ほとんどあらゆる犯罪には、法律の規定に従って亜種と程度があり、ほとんどすべての行為は、あれこれの付加的なメルクマールによって法性決定（Qualification）を獲得するが、その行為はそのメルクマールによって犯罪の他の種類に移行したり、その種類の中で特別な法律上の刑罰で特徴づけられるより高い程度を受け取ったりする。加重的な事情で実行された犯罪に基づく起訴は、たとえば夜間盗具（合鍵）で実行された窃盗に基づく起訴は、もともと複数の犯罪に基づく起訴であり、それらの行為は理念的には同一の行為において同時に起こっている。ところが陪審は、そのような場合にただ一般的に「有罪なりや否や？」と問われると、その解答は一部分は真実で、一部分は誤りであるのに、その誤りは発見されえないであろう。その解答が「有罪！」という場合、ひょっとすると陪審員たちが他の事情を看過したがゆえにただ単純窃盗という結論に基づいており、その解答がこれに対して「無罪！」という場合、ひょっとするとただその行為の法性決定、――夜間に―または―合鍵で――に基づいているかもしれない。――そこで、判決を決定するどのような事情も陪審員たちによって看過されないように、そして彼らの全ての解答が彼らが宣告すべき以上でも以下でもないように、フランスの立法者たちは、事実問題の分析を創始し、「有罪なりや否や？」という一般的な課題を、その個々の構成部分へと分解した。一七九一年九月の法律と共和暦四年ブルメール三日の法典は、以下のように規定している：陪審員たちが、まず問われるべきは、起訴の対象それ自体が証明されているか否かである。次いで問われるべきは、被告人の有罪が立証されているか否か、被告人が行為を実行したのかまたはその行為に関与したのか否かである。それらに続いて、行為の道徳性に関する問い、加重的事情や減軽的事情に関する問いが続くが、それらの問いは、起訴、被告人の弁護あるいは審理から生じる。――複数の互いに独立の事情（それらの事情のうち各々の事情はそれ自体犯罪の特別な種類を特徴づけるものだが、）から構成されている犯罪については、これらの事情に基づいて特徴づけられる問いが、その各別に提出されるべきである。

このような方法で、日常的な悟性の弱点および近視眼性に対するあらゆる異論は、永久に反駁されたと思われた。経験の教えることはそうではなかった。それは、フランスの陪審裁判所の変質の主たる原因、正義と健全な悟性とがその前で赤面しなければならなかった非常に多くの宣告の源は、このような質問方法の中だけに見い出されるべきである、というフランスの法律家たちのかなり一般的な確信をすら惹起したのである。

問いのこのような分析は、いずれにせよ陪審裁判所の根本概念に矛盾している。陪審裁判所は、自己の確信の根拠について弁明することなく、ただその良心の内的確信に従って「有罪なりや否や？」に関して宣告を下すべきである。ところが、「有罪なりや否や？」という一般的な問いが、個々の下位の問いへと分解されると、すなわち、ある者の可罰性または不処罰を決定する個々の要素へと分解されると、国家が陪審員たちに「有罪なりや否や？」に関する彼らの確信に最も近い理由を問いただすことになり、したがって、陪審裁判所を中間機関たらしめることになるが、それは中途半端に半分だけ陪審にあとの半分は学識裁判官に似ており、結局そのどちらでもないのである。

判断されるべき対象の分割は、フランス法の件の規定からの必然的な帰結であり、そこではなお、そのうえ罪刑法典三七七条が「多問の虚偽（複問の虚偽）を含む質問（question complexe）は、いかなるものであっても、これを提起することはできない。」[1]、と規定していた。そのような複問に何が含まれるかが規定されていなかったので、陪審のその問いは、われわれのドイツの糺問官の項目尋問[2]にそっくりであった形式を採用した。すなわち一〇〇〇の異なる事実に関する問いを惹起した訴訟は、通常の現象であった。ブルギュイニョンその他の者は、陪審が二〇〇〇〜三〇〇〇の問いに解答しなければならなかった審理について語っている。

陪審が最も驚愕させたりぎょっとさせたりしたのは、その解答の仕方によってであった。その解答はたいてい互いに合致せず、続く答えがしばしば前の答えに矛盾し、前の答えが肯定したことを続く答えはほぼ再び否定した。（すでに上述した諸事例に唯一つ加えると、）たとえばある陪審は、第一の問いに対して、被告人の故殺の実行は任意ではなかったと宣告し、続く問いに対しては、彼は正当防衛により故殺を実行したと宣告し、そして再び第三の問いに対して、故殺された者は剣や銃をもってもいなかったし、そのような道具で故殺者（被告人のこと―訳者）を攻撃もしていなかった、と宣言した。――それは愚かさが二重に複合されていた。というのも、一方では、フランスの法律学によれば、実行された殺害が任意でなければ（homicide commis involontairement）正当防衛による故殺では決してありえず、他方では、相手を攻撃しても生命を危険ならしめなかった者は、その相手を正当防衛へと追いやることは決してできないからである。

このような現象は何に由来するのか？　フランスの法律家たちは、問いの細分化に由来するという。とんでもない！　それは、解答する者の不手際に由来するのである。なぜなら、その不手際は互いにいたるところで似ているが、総括的問いの際にその解答の一般性の下に隠れており、これに対して、分割された問いの際には同時に外部に明らかとなるからである。あのフランス的質問方法は、陪審制に内在しているものがその実験によって白日の光りの下ではっきりと引き出された、見間違いようのない実験であった。もし君が、ある人間がそもそも正しく考えるものである、ということを確信したいのなら、その思想をその要素に分解し、そして彼にその全体をまさにその各部分に分けて問いただし給え。彼の確信が根拠があり、完全で相互に関連しているなら、彼の答えも、また、そうである。さらに、彼の思想が根拠がなく、相互に無関係で矛盾していれば、彼の答えもそうであろう。それ自体道理のある問いは、答える者の中に決して誤りを持ち込まないが、しかし隠された愚かさ、隠された誤りをその隠れ家から引き出しはする。陪審をして個別的な答えの中で、被告人は生命を危険にするような攻撃はしなかったが、それにもかかわらず正当防衛により攻撃したものである、といわしめた誤りは、イングランドの質問方法に従えば、単に「罪とならず」(〝not-guilty〟)という二つの綴りにおいて宣告されていたことであろう。犯罪的故意に関する正反対の見解が、フランスの陪審をしばしば誘惑して、最初は犯罪的意図から分離されえない意図を証明されたと仮定させ、次いでそれにもかかわらず罰すべき意図を否定せしめ、あるいは最初犯罪に向けられた意図を自白せしめ、次いで、事実は害する意図で(a dessein de nuire)生じたのではないと主張せしめる。そしてこのような同じ見解は、一般的な質問の際には、陪審員たちを誘惑して無条件で無罪を宣告させるか、あるいは、まさに誤った修正形式の評決を自発的に宣告せしめるであろう。事件自体においてすべては変化のないままである。ある方法によれば陪審員たちが隠された誤りにおいて密かに自分自身に言うことを、彼らは他の方法によって声高に裁判官に言うのである。かくして、フランスにおけるあの質問方法が暴露してきた経験は、大部分、陪審制そのものに反する経験のまさに多くの証明なのである。

我々は、ある害悪の治癒不可能性を、あらゆる治療方法の不可能性による以外によりよく確信することはできない。

フランスにおいて極くわずかの年月の間にいつもの何世紀にもわたるよりも多い責任で覆われたという非難すらフランスの刑事司法に負わせた陪審員たちの驚くべき判決は、すぐさま、できる限り根本的な改善という結果に至った(3)。まず共和暦九年破棄院は、改善提案を政府に委ねたが、それは主として陪審員たちの質問方法に向けられており、その要点は以下の如きものであった。第一に、破棄院は陪審員の権限のあまりに広い拡張の中に欠陥を求めた。破棄院の注釈によれば、国民のモラルは必ずしも常に立法者のそれと同じではなく、したがって陪審は、ただ事実問題の歴史的な構成部分だけに制限されなければならず、犯罪が実行されたのかどうか、そしてどのような犯罪が実行されたのか、という決定は裁判所だけに委ねられなければならないというのである。第二に、事実問題は異なる観点に従って理解され、異なる順序でより簡単に提起されるべきであるという。この目的のために、問いの三つの順序ないし順番が提案された。第一段階の質問は、各犯罪について、起訴の対象をなす事実の一つ一つの存在が認められるかどうかという点に向けられなければならない。第二段階の質問は、各被告人が各犯罪を犯した、犯罪に協力した、または法が共謀という性質を付与している一定の多様な行為を行った、との確信が抱かれたか否か、という点に向けられなければならない。そして、第三段階目は次のようになるべきである。陪審員たちは、まず、問題とされているところの犯意について判断を下し、その犯意を示すような状況事実について答える。この状況事実は、犯罪の実行のために用いられた方法、暴行の繰り返し、暴行の残虐さ、等々である。――しかし破棄院の第一の提案は、――陪審制をその欠陥から救うために陪審制を廃止する以外のことを、すなわち、木の根を取り出し、それでその木がもはや有害な果実を結ばないようにする以外のことを、果たして意味するであろうか。事実問題の真の性質に関して上述されてきたことは、私からこれ以上のあらゆる議論を取り除くことになる。だから、このような条件の下では、第二の提案は全く非本質的な付随的なことと思われるし、それは、それ自体考察されても、事柄自体を何物をも変えず、さらに、その問題を単純にする代りになお一層多様にし拡大するにすぎないことからも、なおさらそうなのであり、このことはブルギュイニョンが周到に証明してきたことなのである。

破棄院自体このことを確信していた。というのも、破棄院は、共和暦一一年に政府に提出したそのコメントによって、部分的な問いをそもそも認めず、「被告人は有罪なりや？」という単一の総括的な問いに復帰するための評価を与えることによって、他の側面からの助けを希望しているからである。この総括的な問いは、あらゆる民族の陪審裁判所の構成がふつうそれに与える以外の意味であるべきである、というにすぎない。すなわち、それは、いかにそれが完全な事実問題の如く思われようとも、その問いが陪審員たちに問うている全てのことに答える権利を決して彼らに与えるべきではなく、むしろ、陪審が「有罪！」と答えた後に、裁判所が、この「有罪」という言葉の中で一体そもそも何が宣告されているのかを決定する権限をもつべきなのである。つまり破棄院はここでも、以下のことから出発している。すなわち陪審は、実質的な事実、より正しく表現すれば、事実問題の歴史的な部分に関してのみ判断してよく、あらゆる法的問題は、たとえ事実そのものと直接関係していようとも、それから切り離され、裁判所の権限とされなければならない、というのである。こうして第一の躓きの石は取り除かれるという。災いの他の源は事実問題の多様性であり、それゆえに、陪審員たちには単純な総括的な問いが提起されるべきであり、これが改善の第二の手段であるという。さて破棄院は、陪審員たちに単に「有罪なりや？」と問い、それにもかかわらず、彼らをして単に歴史的な事実のみに答えさせることが、如何にして可能かを考えたのである。この謎の解決は全く簡単と思われた。陪審員たちは「有罪！」と答える。しかし、その有罪の内容を与えるのは裁判所なのである。すなわち裁判所が後で、被告人は、どのような犯罪に、どのような類に、どのような種に、どのような加重的事由または減軽的事由で有罪かを決定するのである。

陪審員たちが有罪を宣告すべきであり、裁判所は、被告人がどのように、何で有罪かを宣告すべきである。このような区別は可能であろうか？　私には、前者は思考の中では後者自体と切り離せない、と思われる。有罪一般というのは抽象化された観念であり、それは陪審員たちの心の中では、特定の個別的な責任と関係してのみ意義を有する。起訴は、特定の人物に対するのと同様に、特定の犯罪に向けられ、そして審理は、それが訴追し弁護するところでは、終始、その特定の人物と特定の犯罪だけをその対象としてもつにすぎない。したがって、「有罪」という答えは、陪審員たちの意識においては、この特定の犯罪について有罪であることを意味しうるにすぎず、他に何らかの犯罪について有罪であることを意味することはできない。もし我々が、その答えをその特定の対象から切り離し、それに何かある犯罪について有罪である、という意味を与えようとすれば、小さな一歩をさらに進めて、かつ、陪審員たちが「有罪」と述べるとき、それは、まさに被告人Aがその犯罪について有罪というのではなく、誰かある者がその犯罪について有罪であることを意味する、といってもよいことになる。

「なんという明敏さであろうか！　陪審員たちが考えることではなく我々が希望することが、我々を悩ます。しかし我々が希望することは、裁判所が陪審の言葉に、それが事実の性質に及ぶ限りは、拘束されないことなのである。」

まことに、このことは事柄を変える！　しかしそれでは、そのような陪審は何のための善でありうるのか、という問題がまさに生じる。

「君は問う？――しかし、常にあまりに多くを問う！　ところで誰も陪審なしには無罪放免されえず、誰も有罪を言い渡されえない？」

故意の謀殺を性急に故殺に、国家の官吏の性急な侮辱者を場合によっては君主の侮辱者または大逆罪に改鋳する権限が裁判所にあるという場合は、ほとんどないか全くない。そのような陪審裁判所は、裁判所に対してはあたかも絵筆の画家に対する関係のような状態にあると思われる。絵筆は、そもそも描くためには画家を必要とする。しかし、風刺を描くか神を描くか、大きく描くか小さく描くか、鮮明に描くかぼんやりと描くか、ということは、巨匠の技術と意思の中だけに存在するのである。

ブルギュイニョンの勧告する提案は、なるほど、それが実行できることに制限されており、その病人に少なくとも死病を接種するものではない点において、前述のあらゆる提案よりも優れているが、しかし、それがその害悪そのものを除去せず、せいぜいその病の所在および形態を変えるにすぎない点で、それらの提案と同じものなのである。すなわち、ブルギュイニョンは、事実問題の法学的構成部分が彼にとって貧弱となるや直ちに空虚な影に溶けてしまうような陪審裁判所の本質を固持しているのである。彼はさらに、精神を困惑させ押し殺す際限のない問いの分割の中で誤解によって生みだされる濫用を認識している（それはそれ以上存続する必要のないものである）。しかし彼は同時に、立派に起草され、かつ内容も完全な問いの、よく見積もられた最小限の部分の中に、判断の対象を日常的な悟性の制限された視野に近づけ、その際同時にその悟性に必要な予備知識を与えるための不可欠な手段を発見するのである。というのもその悟性は事実問題における法的観点の根本的な理解のためにその予備知識を必要とするからである。我々は事実問題の全体を歴史的なるものと法的なるものとを同時に含んでいる個々の極くわずかに下位の問いだけに分解すべきであり、これらの問いを、その問いの中で人の可罰性を決定する対象の法的定義が共に理解されるように提起すべきである、というのである。法典が犯罪の概念を拘束的かつ明確に規定しており、法律上与えられているメルクマールが事実問題の中で反復されるなら、まさに陪審員たちは、対象を見て、対象をそのあらゆる関係において理解するためには、目をつぶりさえしなければよい。たとえば、重婚罪が問題であれば、人は、「Aは、彼がシュトラスブールで結んだ婚姻を法律上解消する前に、パリで第二の婚姻を結んだ、ということは証明されたか?」と問うべきなのである。幇助の立証が問題であれば、「Aは、それによって正犯の行為の遂行が容易にされるか、または促進される行為によって、正犯を助けたのか?」と問われるべきである。誰かがある犯罪の未遂について起訴された場合には、人は、「被告人は、犯罪の実行に向けられ、行為の遂行を開始した外部的行為を実行したが、彼の意思とは無関係な事情によってのみ、その完成を妨げられたのか?」と問うべきなのである。ここでは、陪審員が必要とする全てのことが、問いそのものによって陪審員の心の中に置かれる。おまけに、なお裁判長の賢明な教示が松明とともに先行すれば、判断力は、いわばその足元に識別できるように置かれたものを発見するためには、ほんの二、三歩進みさえすればよい、というのである。

ところが私には、それはそうとは思われない。その提案の不完全性は別としても、（というのも、立法自体には必要ではないが、一般的な概念規定において日常的な悟性にとっては決して明らかにされえない予備概念、というものが存在しているから）要するに、以上のような方法で陪審員たちに知識および知識の正しい使用をいわば問うことにより教示しようとすることは、私には全く徒労と思われる。その問いは、適用されるべき概念のあらゆるメルクマールを含むというが、しかしその問いは、このようなメルクマールの概念を含まず、かつ含むこともできない。なぜなら、さもなければほとんど無限の問いへと後退させられるに違いないであろうからである。たとえば、我々が犯罪への共犯に関する前述の事実問題を考察すれば、その問題は、法律を知らない全ての者にとっては、大きな広い言葉の容器にすぎず、それはもともと空で、それを聞く者が分別があるか愚鈍であるかに従って好きなように中に入れるあらゆるものが取り出される用意ができている。主犯（Haupttäter）とは何か、幇助は何を意味するか。既遂の意味は？法律の意義における援助（Beförderung）の意味は？未遂に関わる事実問題とはこういうものなのである！外部的行為とは何か？と陪審員は疑問に思うことだろう。言葉、演説、単なる思想の表明、はそのような外部的行為なのか。犯罪の実行に向けられている、とは何か。それは意図を含むか、または外部の事実関係にすぎないものも含むか。完成されつつある犯罪の開始とは何か。この開始は、どこまで後退するのか。銃がベルトから取り出されるところですでに、その開始があるのか。あるいは銃に弾丸が込められることなのか。それとも、犯罪者が内心で殺害しようとして指名された生贄のところへ出かけることなのか。それとも、犯罪者が生贄を待つために待ち伏せすることなのか。あるいは犯罪者が生贄とすでに対面していることなのか。あるいは狙いを定めることなのか。あるいは引き金を引くことなのか。それとも狙いがはずれることなのか。——結局、何が偶然的事情なのか。被告人の意思から独立している事情とは何か。被告人は、引き抜かれた拳銃で殺害されるべき者と対面して、「君は私を殺害することを欲している、君の恩人であるこの私を！」と恩人は動揺して犯罪者に大声で叫ぶ。同情、恐怖、驚愕が被告人を圧倒する。被告人は視線をそらしてその拳銃に目をやり、そして逃走する。さて、如何？「偶然的事情」という思想が、この行為にその事情は合致するのか合致しないのか、というように形成される。その概念の範囲は、どの程度広いのかまたは狭いのか。それは何を述べ、何を述べないのか。ここでは、法学識のある悟性は容易に一定の答えを見い出すであろうが、日常的な悟性は暗闇の中に立ち、助言と意見によってのみそこから救い出されうるのである。

我々はこのような困難を偽って挙げているのではない。事柄自体を信じない者は、経験を聞き給え。被告人がある犯罪の実行の未遂を外部的な行為において明らかにしたかという問いが、ある陪審に提起された。陪審は、「然らず！」と答えた。というのも、それは——家の中で起こったからである。この例はデュバールが述べている。グランジェが述べる例は、次のようなものである。「二四人が謀殺の罪で起訴された。陪審員たちに提起された多くの質問の中でもとりわけ、以下の三つ①殺害は自発的に（volontairement）行われたか?、②さらに彼または彼女が殺害を計画的に実行したのか? (avec premediation)、③最後に行為は殺害された者の側からの先行するきっかけに続いて行われたのか? (par suite d'une provocation)。この事件において相次いで投票した一二人の陪審員たちのうち、別々に以下のように問おうとした九人の陪審員がいたと誰が信じるだろうか。すなわち、一体任意 (freiwillig) という言葉、計画的という言葉の意味は?きっかけ (provocation) とはなにか?似たような問いは日常的に生じている。」さて、ブルギュイニョンはこれらの質問に対して、上記の言葉を定義してみる、そして、陪審員たちが彼にあらためて質問せず、また、彼の新しい問いに再び新しい問いがなければ、漸く彼はただ以下の理由で沈黙することを保証される、すなわち、陪審員たちが言葉を理解できないことを理解すると信じるという理由、あるいは陪審員たちはその知識に懐疑的で盲目的な方策によってむしろ厄介な問題を打ち砕くという理由。むろん、定義は一つの鍵ではあるが、しかし、それは全ての錠を開けるのではなく、技術の訓練を受けた手をどうしても必要とするのである。

右に吟味された全ての改善策のうちどれも、刑事手続に関する新しいフランス法の起草者たちによい印象を与えなかった。彼らは、イングランドにおいて慣用的な制度の単純性をほとんど改善なしに用いた。裁判長は、討論の終了後に、その結果を概括し、そしてその後に、「被告人は、起訴状の要約的な内容において理解されている全ての事情でもって、これこれの故殺、これこれの窃盗、またはこれこれの他の犯罪を実行したことに、責任があると考えられるか?」という一般的な問いを発する。審理の際に一つないし若干の加重的な事情が明らかとなっていたときには、裁判長は、「被告人はその犯罪をこれこれの事情でもって実行したのか?」という更なる問いをなお付加する。被告人が自らのために免責の法律上の根拠を持ち出していたときには、「これこれの事実は本当か?」という問いがなお発せられる。最後に、被告人が未だなお一六歳未満であれば、裁判長は、「被告人は弁別能力(discernement)をもって行為したのか?」と問うのである。これらの問いが発せられ陪審員たちに提起されると直ちに、彼らは宣告を決定するために彼らの部屋へと引き籠る。彼らは、まず、主要事実に関して、次に個々の付随的事情に関して協議する。陪審員の議長は、提起された問いを順番に陪審員たちに提出し、彼らの各々は以下の如く答える。(1)その犯罪が証明されていない、または被告人がその犯罪について有罪であることは立証されていない、と確信していたときは、「被告人は無罪。」と答える。二重に複合された(2)事実が証明されかつ被告人がそれについて有罪であることが立証されたと思うときは、「然り、被告人は提起されている問いの中に含まれている全ての事情でもって、その犯罪について有罪です。」と答える。(3)行為および行為者を確信しているが、ただ必ずしも全ての事情を確信していないときは、「然り、被告人はその犯罪について有罪です、彼はそれをこれこれの事情でもって実行しました、しかし、彼がそれをあれこれの付随事情でもって実行したことは証明されていません。」と答える。(4)最後に、その犯罪および行為者の確実性を確信してはいるが、しかし、挙げられている法性決定(Qualification)のための事情のどれをも確信していないときには、「然り、被告人は有罪です、しかし、どのような事情も彼には負わせられない。」と答える。彼らはなお、もし必要なら、審理から初めて明らかとなった加重的または減軽的事情に関する特殊な付随事情に答える。かくして、陪審員の全決定は多数決に従って同じ形式でまとめられ、次いで、法廷において裁判長の問いかけに対して、陪審員の議長によって言い渡される(4)。

このような方法で完全な事実問題がその歴史的かつ法的構成部分において陪審員たちの判断のために提出され、そのことによって陪審制は本質および価値を与えられてきたということ、イングランドのばく然と一般的な質問方法と共和主義的にフランス的な問いの分割との中間に位置する問いの理解、ならびに一般的な評決と特別の評決との区別によって、その手続が単純性、簡潔さそして的確さをえたということ、このことを誰が否定しうるであろうか。フランスの立法者はあらゆる可能なことをなしてきた。そしてたしかに、改革の場合に、人はどこで始めどこで終るべきかを知ることは、常に最も困難な技術なのである。可能なこと以上のことを欲する者は、可能なこと以下のことを欲した者とまさに同様に、不得策に振る舞うことになる。したがって我々が、本来の躓きの石はこのような手段によっては持ち上げられも動かされもしない、と主張しても、フランスの立法者たちには非難としては帰せられえない。なぜなら、この躓きの石は、最も内なるところ自体の中に根を張っているがゆえに、テーゼウスでさえ持ち上げえないであろう岩であるからである。この新しい方法によって、フランスの陪審の宣告のあの間違った、矛盾する愚かな宣告から――それを数え挙げるについて、フランスの文筆家と議員は疲れを知らない――、誘因と道とが奪われるのだと主張されるとき、これは、本質的な欠陥の外部的な現象と明白性について問題とされている限りでのみ――しかも、せいぜいのところ――、認められうるにすぎない。陪審員たちは必ずしもあらゆる点について個別的に答える必要はないのであるから、当然のことながら、彼らの誤りは彼らの解答の一般性の背後に容易に隠れることができ、そして声高なスキャンダルは少なくなるであろう。しかし、このような形式で質問されて解答されたがゆえに、その解答の内容がより根本的でありかつより正しいであろう、ということを人が承認しうるのは、判断されるべき対象をその構成部分へと分解することが、すなわち、主要な問いをその中に含まれている下位の問いへと分割することが、必然的に、無分別と遅鈍、無知と誤りを、――単に明るみに出すばかりではなく、それを生ぜしめもする、ということを人が仮定しようとする場合だけなのである。判断の対象および材料、考量の種々の観点、その正しい判断のために必要な予備概念、これらは同一であり、人が新しい方法で問うのか、または古い方法で問うのか、すなわち、人が陪審員たちに問いをすでに分離して提出するのか、または一般的な問いを思考の中でもしくは彼らの討論の際に分離することを彼ら自身に任せるか、ということとには無関係なのだ。前者の場合に誤って判断する者は、後者の場合にも前者の場合に劣らず誤って判断するであろうし、後者の場合に正しく判断する者は、前者の場合にもそうであろう。そのような考慮のできない常に計算間違いをする一人の経験のない者に、その全部が一つ一つ個別に提起されるとき、――我々はこの者から、ただ、今や全ての部分を一塊りに纏めて、彼に思考自体の中で数えるよう委ね、次いで全量を一つの言葉で宣告するよう委ねるという理由だけで、より大きな信頼を期待できるであろうか。あるものの形態と色彩が弱視である者の目の前で合流するとき、――その者は以下のどのような理由でより正しく見るであろうか。すなわち、その者に予め個別的に提起されていた対象が、その者の前で濃く圧縮されて高く積み挙げられるという理由、むしろ逆に、予めすでにその対象の中で区別されていたものは、今や彼自身によって初めて区別されなければならないという理由、あるいは区別されない多様なるものは、それだけ一層混乱して現れるだけであり、輪郭はより曖昧となり、色彩の統一性にとって、より大きな多様性のもとに隠されるという理由。

犯罪をそのいろいろな類、種そして程度に従っていまだ区別していなかった、全く素朴ないまだ未発達な刑罰制度については、すなわち、全てがなお大まかに組み立てられており、行為の個々の付随的事情の相違が、その行為の法的性格を変えず、相異なる法律の適用を根拠づけないところでは、したがって、判断されるべき事実が、二、三の簡単な鋭く目立つメルクマールで具体的にはっきりと分かるように現れうるところでは、上述の常に無益な技巧はすべて必要ではなく、そこでは、陪審裁判所だけがふさわしく、陪審裁判所だけがその地位を確保しうる。今日なおイングランドにおいては、昔のままである。アテナイの刑罰法規は、非常に素朴で簡潔であったので、裁判所の集会場所における一本の円柱の上にそれは十分の空間を発見した。彼らは、行為の概念の広く包括的な一般性においてその刑罰を定め、これを程度に従って学者風に熟慮することはしなかった。彼らが刑罰を曖昧なままにしていたところでは、裁判官が自ら刑罰を割り引いたが、それは、法原則に従うという我々のようなやり方ではなく、公正という原則に従った、法的な刑の宣告というよりはむしろ仲裁人の裁定という形式においてであった。原告が起訴状において、被告人に逆らって要求した刑罰を主張したように、被告人に有罪が言い渡された後、被告人には、彼の責任または状態に最も相応しいと思われる刑を挙げることが許された。そうなると、一方では原告と他方では有罪を言い渡された者との間に新しい審理が生じた。原告の雄弁家も有罪を言い渡された者の雄弁家も、前者は原告に要請された刑罰のために、後者は有罪を言い渡された者によって述べられた刑罰のために、その理由を陳述した。両者は、その裁判官の寛厳を巡って互いにその判決の前に執行されるべき刑罰の種類と程度を決定したり争ったりした。犯罪の性質と大きさの法律上の相違は、事実問題の解答においてどこでも混じりあうことはなかった。というのも、事実問題は、法的な前提要件の単純性のゆえに、また刑罰の大きさに関する審理は行為自体に関する審理とは「有罪！」という法的判断によって鋭く区別されていたがゆえに、いつでも「然り」または「然らず」という唯一つの解答が与えられえたからである。これになお付加されるのは、アテナイの裁判所構成それ自体の特異性である。というのも、その結果、以下のことが可能ならしめられたからである、すなわち、法律が同一の主たる行為を各別の性質と程度へと分類していたところでさえ、それにもかかわらず、常に唯一の単純な事実に関してのみ、陪審員たちによって決定されなければならなかったのである。

アテナイには多くの裁判所があった。それらの裁判所のうち、たいていは、各々一つの裁判所が、ある犯罪に関してのみ、場合によっては、あれこれの主たる犯罪の個別化された下位の犯罪に関してのみ刑を言い渡さねばならなかったのである。かくしてアレオパゴスは任意の謀殺に関して判断し、それとともに併せてなお四つの（国民）裁判所が殺害に関して生じた、すなわち、一つは任意ではない故殺のために、他は正当防衛による故殺のため等々。かくして、ある犯罪がそのような法廷の一つへと持ち出されうる前に、民衆または訴追を認めその訴訟を指図していた最高執政官（Archon）によってすでにその犯罪についていかなる点が問題なのか、その訴追はその違反のいかなる特別な性質に向けられるべきか、という前提問題が仮に決定されなければならなかった。この仮の決定が管轄裁判所を決定し、そして今やこの管轄裁判所が、嫌疑をかけられている行為に関して、種々の競合して生じた事実問題ではなく、（その管轄権がそれだけに制限されている）唯一の主たる要件だけに関して決定するために、判決しなければならなかった。しかし、その当然の帰結はなんと以下のようなものであった、すなわち、ある法廷の無罪判決は、必ずしもあらゆる責任からの無罪放免を根拠づけるのではなく、むしろ、その行為のいまだなお判断されていない他の要素を解釈して、これを新しい訴追の形式で他の裁判所に決定のために持ち出すことを、原告の自由に委ねるものだったのである。

ローマの法律も、いわゆる公的な訴訟（judicia publica）がなお存在していた時代から全く単純な性格を有していた。ここでは、あの特殊な細かいことをやかましくいう、あのローマ人の民事法についての博識を特徴づける鋭い洞察力については何も知覚されえない。刑事立法のより高次の教育について不可避的に区別されなければならないことは、ローマでは初期の段階でなお全く発展させられずに隠されたままだった。犯罪の未遂と既遂、正犯と幇助は法的に概念において区別されず、刑罰は同じであった。違法な故意と過失行為との区別すら、事実問題のもつれあいのきっかけを与えなかった。というのも、違法な故意（dolus）は、新しい刑事法の用語で語ると、各犯罪について構成要件それ自体の一部分なので、悪しき故意の不存在は、あらゆる責任からの解放を根拠づけ、したがって、被告人は違法な故意につき責任がなくても、それにもかかわらず、過失のゆえに可罰的ではないのか、という問題は、刑事裁判所では全く起こりえなかったからである。後の時代になって初めて過失も、特別に（extra ordinem）処罰された。ローマの刑罰法規は、通常、犯罪の全く広く包括的な類を纏めて、複数の互いに異なるが、しかし互いに似ている類とともに個別的な命題において以下の事例を列挙したのである。すなわち、それに数えられるべきであり、そして次いで全てのこれらの、その性質と可罰性によって最高に異なる事例のために、その性質と程度のさらなる区別なしにいわば全部ひっくるめて刑罰を決めたのである。そのマニュティウスまたはシゴニィウスを読んだことのある者は、そのような例を必要としない。しかし、そこから容易に説明可能なのは、各起訴は各々、然り、然らず、真偽不明（non liquet）という単純な言明によって汲みつくされ、決定されえたということである。常に一つの刑罰、一つの単純な行為の条件のみが、その証明または非証明にあらゆることが依存しており、異なる法的効果の複数の下位の前提条件を決して自らの中に取り込まない、したがって陪審員たちの心の中に混乱も事実問題の分割も必要ならしめることはできなかった。――このような考察によるだけですでに、古代ローマの刑事立法と新しいヨーロッパのそれとの何という違いであろうか！　しかし、それだけではない！　アテナイにおけると同様にローマ人についても、裁判所は犯罪の相違によって区別されていた。全ての主たる犯罪は、その固有の裁判所、その特別な刑事裁判（judicium publicum）をもっていた。それゆえに同一の行為も、異なる観点に従って、異なる刑罰法規の下にあるとしても、同一の裁判所での判断のこの異なる要素は、重なることはなかった。犯罪は起訴において明確に表現され、その起訴を導いた法律も正確に特徴づけられなければならなかった。法務官の長はそれゆえに、その陪審員たちにこの法律の適用以上のことを教えることはできなかったし、陪審員たちは、起訴が行われるように理由があるか否かを見る以上のことを見る必要はなかった。たとえば、公的暴力に関する（de vi publica）Lex Julia 法による起訴があり、ともかく、審理からただ私的暴力の犯罪だけが明らかになったとき、陪審員たちは、起訴された者を私的暴力を理由として有罪にするためには、公的な暴力については決して無罪を言い渡すことはできなかったし、言い渡してもならなかった（私的暴力としては、judicio de vi privata のみが権限があり、公的な暴力について職務を行う裁判所の権限ではなかった）。陪審員たちは彼をそもそも無罪とせざるをえなかったか、または彼らにはなおあれこれ疑わしいときは、真偽不明（non liquet）と説明せざるをえなかった。

複数の異なる性質の犯罪の競合（concursus）は、ドイツでは非常にしばしば判決を混乱させるが、ローマの裁判所構成による場合には通常の刑事裁判所では全く起こりえなかった。常に一個の犯罪のみが起訴の対象であり、ある特定の刑罰法規に含まれる行為のみが、裁判官の判決の対象であった。一人に対して複数の犯罪が訴追されるべきときは、起訴は種々の裁判所に対して行われなければならなかった。たとえばガビニゥスに対しては、プトレマイオス・オウレテウス王をシリアの統治者として独断でその王国に再び投入していたのだが、同時に三つの訴追が係属していた。彼は、L・レンテゥルスについては君主を裏切る罪で起訴され、――メニィウスについては恐喝のゆえにカトーの裁判所に起訴され、L・スッラについては違法な公務志願の故に起訴されていた。このようなやり方で、ミロは同時に、クローディウスの殺害のゆえに暴力に関するポンペィウス法（ex lege Pompeja de vi）でも、汚職という理由でも法務長官たるトルキュアタスの裁判所に、そして結社に関するリキニウス法（ex lege Licinia de sodalitiis）により法務長官ファボニウスの法廷にも起訴された。なるほど、雄弁家は概してあらゆる犯罪についてまくしたてるのが常であり、彼らはそれらの罪につき被告人の責任を一致した証明書で問うことができたが、ただ彼らの事件により重点を置けば置くほど、被告人をそれだけ一層悪意の中に置くことになり、裁判官をそれだけ一層確実に有罪について決心させるためであった。それにもかかわらず、この起訴が失敗に終わったので、他の犯罪を理由として新しい訴追が他の裁判所に提起され、そこでキケロはすでに彼の最初の演説において法務長官ベレスに迫ることができたことは、キケロがベレスを、不法利得罪（Criminis repetundarum）の起訴につきベレスが無罪放免されるべきときは、公的な資金の着服の廉で訴追する、または君主の侮辱の廉でも訴追するであろう、ということであった。――以上引用された事実の全ては、ローマの陪審員たちによって解答されるべき判決の問題が、いかに単純でなければならなかったか、そしてフランスの陪審についてもイングランドの裁判所構成の形式によっても特別の評決が必要であったような問いの分離は、ここではとにかくほとんどなかった、ということのまさに多くの証拠である。

私はこのような少しばかりの回り道の後（それは決して間違った道ではなかったが）、私の主たる対象に戻る。

フランスの立法者自身が賢明にも考量してきたことは、問いを巧みに分割し提起する技術によって、無知な教育のない人間についてはほとんど何もなされるべきではない、ということであった。それゆえに、彼らによって意図された改革は、陪審裁判所を無関心な教育のないかつ無知な人々から清め、教育があり学びとられた知識のあるかつ公的利害への生々した関心のある者だけをこの集会へ召集するために、同時にその主たる方向を判断する者の人物へと向けた。フランスの立法者は、新しい改革のこのような方向から（その改革についてはすでに、他の関係で話題とされねばならなかったが、ここでは再び、判断の新たな観点が提起される)、新しい立法の主たる長所を期待しているのである。そして実際ここでもまた、それらによって事物の本性が常に許容することのみが遂行されてきたにすぎない、ということは否定されえない。しかし、まさにこの事物の本性は、大変頑固で取り扱いにくいので、それにやすりをかけられほり込まれるべき場合には直ちに、それは最も良く技術の訓練を受けた手の中でさえ容易に分裂する。ここではいたるところ、前門の虎、後門の狼なのである。その一方から進路を外れる者は、不可避的に他の進路へと引き寄せられる。

国民議会で陪審制の導入について真っ先に討論がなされたとき、多くの代表者は、裁判官の椅子に就かせられるべき日常的な悟性の不器用さともの分りの悪さをおそれた。そしてアベ・シェイエスは、法律の専門家だけが陪審員の職へ選出されるべきである、という提案を行い擁護した。彼に対する異論は、フランスは古い事柄に対する新しい名前ではなく新しい制度を必要としている、判決する法学者からは決して陪審裁判所は生じえず、そのような裁判所構成はなお無数の新しい短所を古くからの短所と結びつけるであろうし、陪審裁判所の長所をただの一つも提供しないであろう、というものであった。このような異論が勝利を収めざるをえなかったのである(5)。

最新のフランスの法典は、そのような一面性からはるかに隔たっている。なるほど、法学者も公証人、法学博士、そして法学士等々として、優先的に陪審裁判所へ呼び出される。しかし、この呼び出しは、学者から学識のある者一般へ、そして学識のある者一般から教育を受けた者、事情に通じている者一般へと拡張されている。というのも、国民における金持ち、上流の商人、両替業者等々は、彼らが金持ちであるがゆえに優先的に選出されるのではなく、彼らからすぐれた精神的教養が期待されもするがゆえに選出されるからである。

フランスの陪審がこのような形態で、イングランドの陪審とどんなに相違しているかは、注目に値する。イングランドの陪審制においては、素朴な農民が、職工、商人と並んで座る。それでもやはり、まさにイングランドの陪審制こそ、その長所によって、フランスにおいてだけではなく思索するヨーロッパの人々の下においても、陪審裁判所一般に対するあの偏愛を勢いづけたものなのである。イングランドの陪審制はまた、その単純な制度の場合に、それがフランスへ移植されたとき直ちに明らかとなったあの多くの際立った現象を惹起してきていない。イングランドの人たちならば、上述のフランスの選出規定がイングランドに導入された場合、彼らにとって大変貴重な陪審制を失ったとさえ信ずることであろう。これら全ては、何故に、どこに由来するのであろうか。――この問題は私をあまりにもより道させることになるであろう。ここでは、原因と結果の相違に留意させたことで十分である。

裁判官の事実問題の判断が問題となるときには、素朴なありのままの日常的な悟性は、いずれにしても、法律専門家の悟性と、なおその優劣を競うことを欲することができる。しかし、教育と獲得された知識とによって、裁判官の仕事におけるこの日常的な悟性の使用のために得られることは極くわずかしかないが、これに対して全てではないにしても多くのものが失われる、と私には思われる。日常的な悟性の本来の指針は感覚であり、真実なるものの曖昧ではあるが力強い予感であり、その予感は、悟性から確信を強制的に取り上げ、そして、それはどのような作為的な薄明かりによっても惑わされないがゆえに、自己の目的を正しく把握する。人間は、悟性の教育を得れば得るほど、それだけ一層自然と無縁となり、人間の頭は、理念、概念、言葉で満たされれば満たされる程、感覚の源はそれだけ一層涸渇する。人間は、そのありのままの無邪気さの中で自分自身と一致していたのに、自分自身との矛盾に陥るのである。人間の感覚と予感はその概念との矛盾に陥る。人間の感覚が主張することを、その悟性はしばしば否定する。悟性は、概念を通じて感覚に対して疑い深くなる。悟性は感覚の声を聞くが、しかし悟性は、無邪気な献身でそれに聞き耳を立てることを忘れてきている。人間は知識の樹木を享受してきた、そして、もはや真実を予感することを望まず、真実を知ることを望む。もはや真実をただ盲目的に受容することは希望せず、悟性が真実を受容する前に、概念と推論で解明しようとする。その心情は、多弦的な楽器と等しくなり、その楽器においては、接触の都度異なる音色が活発となる。それゆえに自然的な悟性の単純な静かな声はなお弱々しく聞こえるだけで、他のより強い音によって弱められ、曖昧にされ、調子を狂わされて不協和音となることすらある。学問のみが人間の自分自身との和解を再びつくり出し、そして、人間が自己の責任なくして失っていたものの代償を人間に与える。人間は、学問を得ると、その心の中に太陽が昇り、それは人間に認識という明かりをもたらした。人間は、もはや対象を感覚と触覚とで確認する必要はない。というのも、彼は対象を明るい眼で見て理解できるからである。人間は自由でかつ強くなっており、その歩行バンドを外すことができるのである。

人はただ、このような人間と、日常生活での言葉が我々に対して教育ある者と特徴づけ、また人がもっぱら市民社会の上流の階級の中に求めるような人々とを、等置してはならない。このいわゆる教育を受けた者というのは（私はここでは、個人についてではなくて大衆について語り、例外についてではなく原則について語る）、磨耗した風習の精神的野蛮人か、または半可通であり、文化はそのような者の心に軽く触れてきてはいるが、その者の内部を貫いてきてはいない。そのような者は自然にも理性にも服従せず、したがって、両者から排除される。そのような者は、感覚の言葉を忘れてきており、反対に知識の言葉を意味もなく集めてきている。いずれにしろ、そのような者が習得してきていることは、借り物でその本質に移されていない。というのも、その者は、借り物を所有しているが、彼がそれによって所有される以上に彼を所有しているものをもっていないからである。その者が自己の公理と呼ぶことは、一般に空洞の定式であり、彼の真理は仮定の予断であり、彼の思想は、彼の記憶力に留められ、そこからしばしば無意味に反復して響く単語の響きである。ルソーは、「わが種（人類）は半分だけ加工されることはありえない。」と言っている。半可通は全ての関係で報いをうける。ここではそれは的外れな判決によって報復される。そのような中途半端に教育された者、半可通は、自分の日々の仕事については十分に適しているであろう。なぜなら、利己的なものの技術は、ほとんど自然に習得されるからである。半可通は、交際においてさえ容易に見事といって良いくらいに振る舞うだろうが、必ずしもその全てが欺瞞というわけではない。というのも、人が何者でもないかまたはあらゆる点で半可通ではあるが、その全てが見えることはまさに交際の主たる美徳だからである。しかし、半可通をその日常的な領域から連れ出し、そして彼が暗記して学んだ定式を直ちには適用できない対象を、知的遊戯のためではなく判断のために彼の前に提起し、次いで彼の横に、自分自身で理解する以上には学んでいない健全な悟性の素朴な農民を置き、そして、この農民から同じことを要求してみよ！　二人はしばしば目標を当て損なうであろう。しかし、前者は後者よりもはるかにしばしば目標を当て損なうであろう。後者は、静かに印象に帰依し、そして自己の感覚で正しく触れるが、前者は、自己の長所を徒に所有しようとはせず、したがって、その悟性で作為的な準備をなし、それゆえに自己の足の前にあるもので躓く。一方は、その素朴な悟性で事件だけを自分自身で問うが、他方は、とりわけ、他人から聞くことをそれは一般にその耳をかすめるだけなので、生半可にかつ誤って聞くことを問うのである。前者は無知から時には判断を誤るが、後者は――生半可のゆえに――前者より頻繁に判断を誤るのである。無知は、頭を空っぽにするが、しかし健全で自由である。生半可な知識を振り回すことと中途半端な文化は概して、風変わりな言動、精神の健全性および自由の喪失で報われる。その上、無知は英知と同様に謙虚でそれゆえに用心深いが、生半可は尊大で高慢で、厚顔無恥で、すでにその己惚れによってそれだけ一層容易に転倒するのである。

かくして、自然に最も近く、それゆえにその中に、日常的な悟性がなおその力強いわざとらしさのない素朴さにおいて住んでいる階級が、陪審裁判所から閉め出され、国民の中のいわゆる教育を受けてはいるが、しかし法学教育は受けていない者にその席を譲ると、立法者は、日常的ではあるが健全な判断から期待されうる長所、ならびに判断されるべき対象の教育された知識が保障しうる長所とを、同じ程度に断念することになる。無知な者は、しばしば愚かな判決を宣告してきたが、半可通は、博識ぶって馬鹿げたことを不足たらしめないであろう。彼女の夫の指図で盗んだ女に無罪を言い渡した、すでに上述した例の中におけるあの陪審長は誰であったか。かつてトイレの前でナポレオン法典を拾い読みして、その中で妻は夫に従わなければならないということを読んだことのある一流の銀行家である。素朴な農民にはそのようなことは思い浮かぶことはなく、むしろ、その日常的な悟性が、我々は人間よりはむしろ神に従うべきであるという格言で、彼を助けていたことだろう。

本来の知識人、哲学博士、神学博士、医学博士たち、知識社会のこれらのメンバーと助手は、司法上の対象との関係においては、最も日常的な半可通ほども有能ではない。彼らは、彼らがこの日常的な悟性を恥じてそれを嘲笑することを実際教わってきていない場合、日常的な人間悟性の素朴な言葉を理解することを習ったのに、忘れてしまったのだ。その反対に、彼らは確かに学問を裁判所へ携帯してはくるが、ただ、司法上の仕事を学問的に判断するために裁判所において必要とされるのは、その学問ではないというにすぎない。もちろん彼らは、この司法上の審理をも学問的な眼で考察するであろう。なぜなら、誰も自分の眼で見るよりも容易には他人の眼で見ることはできないからである。しかし、この学問的な眼は武装された眼であり、それにもかかわらず、その武装する眼鏡はその対象に適していないので、この対象は概して彼らには、その眼鏡のレンズが着色されたりすり切れているのに応じて、小さくされたり大きくされたり、または歪められたり、あれこれの色で、その真の形態とは異なる形態で見えることになろう。ここで最悪なのは、ほとんど全ての学問は他の学問に関係すること、全ての学問は裁判所で審理される対象に多かれ少なかれ類似している対象を包括していること、全ての学問は、しばしば、実際にまたは外見上のみ、より近くでまたはより離れて、これらの対象に適用されうる原則を扱う、ということなのである。そのことによって、博学ぶること、自らを徹底的な悟性と考える軽薄な知識に、際限のない広野が開かれることになる。数学者はその蓋然性の計算を携えてくる。哲学者は道徳および道徳上の帰責の諸原則を携えて、神学者は決定されたまたは自由な意志に関するその教義を携えて、医者は情熱、素質そして願望に肉体が及ぼす抵抗できない身体的（physisch）な影響に関するその理念を携えてくる。その上、ほとんど全ての学問はその固有の知識を確信に与えるための確実性の自分固有の流儀（Art）をもっている。こうしてこのような学問に勤しむ者の精神は、彼が自らその専門外のところで苦労してのみ変える自分自身の方向を受け入れる。数学者は、構造と最高に厳格な確実性に慣れているので、日常生活の事柄においてさえ歴史家よりもより厳格な確信に至るだろう。というのも歴史家はあまりに頻繁に曖昧な証言に基づくよう強いられるからである。神学者の知識は結局信仰に基づく。物理学者はその確信をたいてい推定と仮定に、哲学者は蜘蛛の巣状の演繹に結び付ける。こうして本来の知識人は、自己の固有の秤をもちそれで計るが、しかし不幸なことに、それはほとんど常に正しい秤ではなく、陪審へ提示される対象に適した秤ではない。もちろん彼らは、陪審員としてその学識の名を汚さないために、おそらくついでに法律と法のことを気にかけるであろう。しかし、そうであれば、それだけ一層事態はさらに悪くなるのである！

右に挙げられた市民階級、すなわち、学識のある者およびいわゆる教養のある者を選出可能性から排除するとすれば、それは陪審制の政治的性格に反することになろう。しかし、この選出可能性を彼らだけに制限することは、なお一層有害と思われる。陪審裁判所の陪審員たちが、あらゆる身分からとり混ぜて選出されるところでは、この混合自体が調整の手段となろう。しかし、前者の身分だけが召集されると、右に述べられてきた短所が、何の平衡おもりもなしにかつ何の代償もなしに、一点へと凝縮され、いわば独裁へと高められるであろう(6)。

（了）

［訳注］

（1）　訳文は、沢登佳人・藤尾彰・鯰越溢弘「邦訳・大革命期フランスの刑事訴訟立法（その二）、罪刑法典（二）（革命暦四年霧月三日）」法政理論一八巻一号（一九八五年）二二五頁による。

（2）　このいわゆる「項目尋問」に関連して、カルプツォフは、「尋問・聴取は項目ごとに行われなければならない。従前よりのザクセンの裁判慣習に従えば、犯罪に関して裁判官が項目を作成し、被告人はそれに対する認否を回答せねばならないのである」、「合法的な尋問・聴取であるためには、尋問項目が明白・明確で、理解しやすいものでなければならない。」、等と論じている（宮本・前掲第一章訳注(12)三八七～三八八頁参照）。

（3）　カンバセレスは一八〇四年のコンセイユ・デタにおける刑事法典の草案の審議において、「…犯罪者の不処罰を回避することによって、公共の秩序に保障を与え、それを保持することも同様に重要である。ところが、現行の制度が効力を持ち続けている限り、つまり陪審員が被告人の運命の絶対的な主人であると信じられている限りそうはならないだろう。そして、良識者から陪審員の制度に対する異議が起こる理由もまたここにあるのである。…」（高内寿夫『公判審理から見た捜査　予審的視点の再評価』〔成文堂、二〇一六年〕五四頁）、という認識を示している。

（4）　ちなみに、我が国の戦前の陪審法は以下のようなものであった。陪審法（大正一一・四・一八法五〇）は、「刑事事件ニ付陪審ノ評議ニ付シテ事実ノ判断ヲ為ス」（一条「陪審の任務」）もので、一定の資格を備えた帝国臣民（一二条一号～四号「資格」）の中から抽選で選任された一二人の陪審員で構成された（二九条「陪審の構成」）。陪審員に対する裁判長の説示は、「陪審ニ対シ犯罪ノ構成ニ関シ犯罪構成事実ノ有無ヲ問ヒ評議ノ結果ヲ答申スヘキ旨ヲ命スヘシ但シ証拠ノ信否及罪責ノ有無ニ関シ意見ヲ表示スルコトヲ得ス」とされていた。「裁判長ノ問ハ主問ト補問トニ区別シ陪審ニ於テ然リ又ハ然ラスト答ヘ得ヘキ文言ヲ以テ之ヲ為スヘシ」（七九条一項）、「主問ハ公判ニ付セラレタル犯罪構成事実ノ有無ヲ評議セシムル為之ヲ為スモノトス」（同二項）、「補問ハ公判ニ付セラレタルモノト異リタル犯罪構成事実ノ有無ヲ評議セシムル必要アリト認ムル場合ニ之ヲ為スモノトス」（同三項）」とされていた。

裁判長の説示については、「毒にも薬にもならなかったと思う。…ただ裁判長が、公正な立場で、しっかりした人格者であることを陪審員に示す効果はあったと思う。」（六〇頁）、という検察官からの評価がある一方で、弁護人を経験した者からは、過失致死ないし傷害致死の可能性がある事件につき、殺人罪の成立を前提とする主問に対して陪審の答申が「然リ」というものであったため、「陪審員を有罪に導いた」（一〇三頁参照）という非難が出されている（以上、浦辺衛『わが国における陪審裁判の研究―経験談による実態調査を中心として―』〔司法研修所調査叢書九号、一九六八年〕による。なお、最高裁判所事務総局刑事局監修『我が国で行われた陪審裁判―昭和初期における陪審法の運用について―』〔司法協会、一九九五年〕参照）。

（5）もっとも、陪審員の資格は能動市民に制限されたから、「陪審員になることのできた者は二五歳以上の市民のうち一パーセントにも満たなかった。」（和田敏朗「フランスにおける刑事陪審制」佐藤・林編著・前掲第一章訳注（6）一七二頁）。

（6）ここで展開されるフォイエルバッハの議論をどう受け止めるべきか。ごく最近公刊されたアメリカ合衆国の実証的研究には、その検討の手掛かりが潜んでいるように思われる（ジョン・ガスティルほか著、ダニエル・H・フット監訳、佐伯昌彦・森大輔・笹倉香奈訳『市民の司法参加と民主主義』〔日本評論社、二〇一六年〕一七二〜一七三頁参照）。

# 解題

# 〔解題〕フォイエルバッハの陪審制度論

福井　厚

## 一　はじめに

フォイエルバッハについては、「彼の陪審制度反対論はとくに有名であ〔る〕」(1)、「フォイエルバハは、陪審制度に対しては懐疑的な考えかたをもっていた」等といわれてきている(2)。そこで、この〔**解題**〕では、フォイエルバッハの陪審制度論(3)に対するそのような「理解」が果たして正鵠を得ているものなのか否かの点に限定して、簡単にコメントしておく（読者がこの〔**解題**〕を一読した上で本訳書を精読すれば、右に紹介したような誤解は避けえよう）。

## 二　政治制度としての陪審制

フォイエルバッハの陪審制度論（したがって原著）の特徴は、陪審制の「二重の性質」[4]を踏まえて、「政治的観点と純粋に刑事法上の観点とを区別する」というその独創的な方法論にある。この点につき、「陪審制の中の二つのもの、司法制度としてのそれと政治制度としてのそれとは区別しなければならない。」[5]、と述べたトクヴィルに言及されることがある[6]。しかし、「政治制度としての陪審制」という（本訳書の）第二章の表題からも判明するように、トクヴィルの『アメリカのデモクラシー』第一巻（一八三五年）に先立つことすでに二〇年以上も前に、フォイエルバッハが「政治的観点と純粋に刑事法上の観点とを区別する」という方法論に基づいて、陪審制の斬新な分析を原著で成し遂げていたのである。

フォイエルバッハの方法論は、陪審制の「二重の性質」に対応して、政治制度としての陪審制を「国民の自由と国民の権利の合憲的な維持」[7]という観点（Aの観点）から分析する（原著第一章～第三章がその分析に充てられている）一方で、他方では刑事法上の制度としての陪審制の分析については、「無実の者に決して刑罰を科さず、罪ある者を正義から決して免れさせない」[8]という「刑罰権の目的」[9]という観点（Bの観点）からのものである（原著第四章～第六章がその分析に充てられている）。そしてしかる後に、両者の分析を総合して陪審制に対する態度決定を行うというものである。したがって当然のことながら、フォイエルバッハは「陪審裁判所に無条件で賛成するものでもないし、それに無条件で反対するわけでもない」[10]。しかも、両者の分析を総合するにあたって、フォイエルバッハ自身は、「私は陪審制を法学的制度としてのみ非難するにすぎず、政治的＝立憲的制度としては陪審制を非難するものではない。」[11]と述べているように、前者の観点（Aの観点）を後者のそれ（Bの観点）に優越させているのである[12]。

このようにみてくると、フォイエルバッハのこのような方法論を生み出した時代的背景が重要となる。この点で原著の刊行が一八一三年（Landshut）となっていることに触れておかなければならない。「緒言」の日付けは一八一二年八月一〇日であるが、実は原著はすでに（同年）八月には印刷され出版されていたのである[13]。一八一二年八月といえば時あたかもナポレオンのロシア出兵前であり、その支配にはなお強固なものがあった[14]ことに留意しなければならない。というのも、フォイエルバッハはそのような情勢において、フランス型の陪審制（すなわち「ライン型陪審制」）の欠陥を指摘する原著を公刊することによって、ドイツにおける陪審制の導入の実際的な作用と直接取り組まざるをえなくなったからである。フランス革命およびナポレオンの軍隊によるその軍事的・膨張的拡張は、フランスのブルジョワジーの経済的利益に資するヨーロッパ諸国の抑圧および征服においてその頂点に達し、ドイツにおいても、フランスに占領されたライン左岸一帯ではフランスの陪審裁判所の制度が導入されていたから[15]、それをめぐって理論的対決が生じていたのである。したがって後のヘーゲルやガンスの場合と異なり、フォイエルバッハの場合は、陪審制についての学問的観念は、そのような時代の政治的・法学的見解との対決において成立せざるをえなかったのである[16]。「いかなる陪審裁判所も人々の隷属状態と不安から我々を救い出すことはできなかった。」「陪審裁判所のみによっては、いかなる陪審裁判所も、我々が持っていない自由を守ることはできなかった。」「いかなる陪審裁判所も、自由は与えられることもなければ保障されることもない。」[17]、というフォイエルバッハの言説は、彼が当時対峙しなければならなかった情勢[18]を踏まえることなしには、正確に理解することは困難である。というのも、ナポレオンの権力がその最高の頂点にある時代に、「〔フランスの〕陪審のナポレオン的形態」[19]に対する批判を展開する際に、「真実を述べようとする者は、威嚇する独裁君主の顔付きの前で震えたりしないように、少なからぬ決心を必要とした年」[20]だったからである[21]。

ともあれ、陪審制を政治的観点から分析したフォイエルバッハの結論は、真に立憲主義的な、権力分立の原則に基づく国家においてのみ、陪審制も市民的自由の神聖な保護手段足りうる、というものであった[22]。それに対して、解放戦争前のドイツの領邦等族の憲法や一八二〇年代の南ドイツの「外見的立憲主義」の下では、陪審制はその本来の機能を発揮できないと見做したのである。なぜなら、フォイエルバッハにとっては、憲法をもたない国家、または（同じことだが）その憲法がそれによって制限されるべき国家権力の手中にある国家においては、陪審裁判所はその根本の機能——市民的自由の保護——を果たすことはできなかったからである[23]。というのも、そのような国家においては、ある意思がそれは存在すべきであると意欲しなければ、存在しているであろうものはたちまちそもそもなにものでもなくなるからである[24]。共和主義国や（憲法によって制限された君主制、とりわけ立法が君主と共同して国民に帰属している）立憲君主制の下にあっては、「陪審制は体制の一構成部分」[25]であり、「国民全体の一般的な政治的自由、および個人の人格的自由の維持の手段として、したがって体制の補充部分として（政治制度として）占めうる地位」[26]は、「全体制の要石、またはむしろその礎石であり、それとともに陪審制それ自体が浮沈する」[27]ものなのであった。

## 三　刑事法上の制度としての陪審制

「〔フランスの〕一八〇八年の治罪法では、陪審員の資格を高額納税者と教養ある者に制限し、陪審員名簿の調製を委嘱された公務員に対する指示によって、政府は個人の名簿の作成に決定的な影響を及ぼすことができ、なによりも、政治犯罪は陪審裁判所の管轄から切り離され、『裁判官の恣意および官房司法に対する市民的自由の防壁』という自由主義的性格をすでに陪審制は喪失していた」から、フォイエルバッハの陪審制批判は「ナポレオン形式の陪審裁判所」に対する批判という側面があることは事実である[28]。

しかしフォイエルバッハは他方では、「その本質に付着しているがゆえに、どのような修正を施す立法技術によってもなお除去されえない陪審裁判所の欠陥と短所」[29]として、「裸ないし生の事実認定」能力と「法令適用能力」をも問題としている[30]。フォイエルバッハによれば、陪審員の「裸ないし生の事実認定」能力と「法令適用能力」は「本質」的な欠陥なので、一八〇八年の治罪法の欠陥のように立法によって対応できず治癒不可能であるという。

三月前期(一八一五年〜一八四八年三月)の陪審裁判所の議論における主要な論争問題は、素人は証拠評価の点で学識のある職業裁判官より優れているか、という問題であった。フォイエルバッハは、ベッカリーア[31]に遡及するこのような「人間悟性」の美化に対して、事実問題は「もの知らずでかつ不慣れな者によって、教養がありかつ習熟している者によるよりも」より確実に判断されうるか[32]、という問題を提起したのである。フォイエルバッハにとっては、証拠評価の際にも「習熟がマイスターを作る」[33]ということは確たるものであった。

当時は、陪審制を主張する者が自由心証主義を主張し、陪審制に反対する者は法定証拠主義に固執するという二項対立の図式が成立していた。一八四八年以前の数年の間にますます貫徹された、法定証拠理論は積極的なものであれ消極的なものであれ実施できないという認識が、陪審裁判所の実施のための主要な根拠であった[34]。職業裁判官に自由な証拠評価を帰属させるという今日の観点からは当然の帰結は、採用されなかった。法定証拠法則によって拘束されない裁判官の決定に対する恐れという点において、人々は、一八四〇年代に至るまで広範囲に一致していた。三月前期(一八一五年〜一八四八年三月)前においては、裁判官の自由な証拠評価がいかに見当はずれであったかということを例証しているのはヴェルカーの言明であるが、それによれば、人々は従属した裁判官に間接事実に対するその主観的な見解に従って有罪判決を言い渡すことを許可することで同時に「司法殺人の権限」を与えるというのである。常に衡量的でかつ抑制的な言い回しのミッターマイヤーでさえ、裁判官をして法定証拠理論なしに判決せしめることを「どっちつかずの状態」として拒否した。「生死に関する、どのような君主も持ってはならないような恐るべき権力」が彼らの手に委ねられる、というのである[35]。

そのような二項対立の図式に一石を投じたのが、フォイエルバッハの消極的法定証拠理論の主張であった[36]。フォイエルバッハによれば、カロリーナ刑事法典が「二人の証人のみが完全な証明を根拠づけるべきである。」(同二二条参照) というとき、その立法者がそれによって主張しようとしているのは、二人の証人がいれば常に証明され、裁判官はその二人の証人を盲目的に信用すべきである、ということではない。なぜなら、その二人の人物の証言を、彼らの個人的性格、被害者の人物または事情に対する彼らの関係、彼らの説明の内容、内的蓋然性および相互の合致によって評価すること——これら全ては裁判官の判断に委ねられているからである。カロリーナ刑事法典二二条がいっていることは、「汝ら裁判官は一人の証人のみに基づいては決して有罪を言い渡してはならぬ!」ということなのである[37]。しかしながら、フォイエルバッハの消極的法定証拠理論の主張は、二項対立の図式にとらわれていた当時の学説からは「余計なもの」「有害なものでもある」として受け入れられず[38]、三月革命(一八四八年)に向かって陪審制とセットになって自由心証主義が優勢になっていくのである[39]。

また、陪審員の法令適用能力についても、フォイエルバッハはフランスの実際の例を挙げて厳しい批判を展開した(40)。しかし、陪審員に「有罪・無罪」の判断権を与えることはその法令適用の権限が当然の前提となっており、この点はドイツでは今日に至るまで一貫しているのである(41)。

## 四　おわりに

このように、事実認定論についても法令の適用論についても、フォイエルバッハの主張は必ずしも一般に受け入れられるには至らなかった。しかし、それでもなお、「陪審制を放棄すべきことを決して帰結しなかったし、今も帰結しない。」(42)というのがフォイエルバッハの立場であった。というのも、フォイエルバッハの方法論は、すでに述べたように、陪審制を分析する場合、政治的観点からの分析を刑事法的観点からのそれよりも優越させるというものであるからである。その点は、一八一三年一月のベラーズ宛の私信において次のように敷衍されている(43)。

「国民が陪審制に値するところでは、国家は陪審制に適している。その時、私によって叙述されたこの制度についてまわる刑事法上のあらゆる短所によって、陪審制が人間性と市民に与える包括的な長所に対しては、いくら犠牲を払っても払いすぎるというにはほど遠いのである。」

フォイエルバッハの見解は、立憲主義国家においては、政治的な長所が法学的な疑念を凌駕するだろう、というものなのである(44)。かくしてフォイエルバッハは、陪審裁判所の導入の時代はいまだなお到来していないと見做したのだ(45)。

［注］

（1）仲宗根玄吉「フォイエルバハの刑事訴訟法」ジュリスト六五七号（一九七八年）一四頁。なお、同『精神医学と刑事法学の交錯』（弘文堂、一九八一年）二九六頁、三二二頁注(33)、一六六頁、一八〇頁注(109)参照。

（2）西村克彦「ベンサムの刑事立法論（七・完）――陸奥宗光『利学正宗』の改訳（含 旧訳）」警察研究四九巻一一号（一九七八年）九八頁等参照。

（3）ここでフォイエルバッハの「陪審制度論」という場合、本訳書の原著のみを指しているわけではない。いうまでもなく、フォイエルバッハの陪審制度論は、彼の弾劾主義論、公開・口頭・直接主義論、証拠法論等のみならず刑法（実体法）論とも関連しており、彼の刑事司法論全体を考慮しつつ分析する必要があるが、ここでは与えられた紙幅に限りがあるため、その点は『京女法学』一六号「フォイエルバッハの陪審制度論と裁判員制度」（二〇一九年公刊予定）に譲る。

（4）Feuerbach,Kleine Schriften,S.232.

（5）トクヴィル、松本礼二訳『アメリカのデモクラシー』第一巻（下）（岩波文庫、二〇〇五年）一八二頁。

（6）三谷太一郎『増補 政治制度としての陪審制―近代日本の司法権と政治―』（東京大学出版会、二〇一三年）三〇二～三〇三頁、三一四頁、なお九～一〇頁。ここでは、トクヴィルが「政治制度」としての陪審制度という場合、その「政治教育的意義」とりわけ民事陪審制のそれが注目されている。これに対して、フォイエルバッハが「政治制度」としての陪審制という場合、後述するように「市民的自由の守護神」(Schmidt, Eb.,S.326)として何よりも「裁判官の恣意と官房司法に対する市民的自由の防壁」の役割が強調されているのである。

(7) Feuerbach,Kleine Schriften,S.232.

(8) 本訳書第四章。より正確にいえば、「無実の者が決して処罰されず、どのような罪ある者もそれ相応の刑を決して免れない」(本訳書第四章)、ということになる。なお、本訳書第一章訳注(2)、第四章訳注(1)~(3)参照。

(9) Feuerbach,Kleine Schriften,S.232.

(10) Feuerbach,Kleine Schriften,S.232.

(11) Nachlaß,Bd.1,S.208(これはフォイエルバッハが一八一三年一月のヴィラース宛の私信で述べていることである)。

(12) このことは、「陪審制において市民的自由の神聖な保護手段に敬意を表するものである」、とも述べているヴィラース宛の私信(前掲注(11))からその趣旨を窺うことができよう(Nachlaß,Bd.1,S.208)。その私信においては、「私は元々陪審裁判所の敵ではなく、その友なのです。」(Nachlaß,Bd.1,S.208-209)とも述べられている。

(13) Vgl.Feuerbach,Kleine Schriften,S.229; Nachlaß,Bd.1,S.206 ;Radbruch,S.100.

(14) 「一七九七年のカンポ=フォルミオの講和によってライン左岸地帯をフランスへ併合したナポレオンは、続いてライン左岸から西南・中部ドイツへ向い、そこでオーストリアやプロイセンに敵対する。それと同時にナポレオンは、自らに従属する君主権力の樹立を企図する。これが確立するのは、ライン河とエルベ河との間にはさまれた地域一帯諸邦との間になされたところの一八〇六年の「ライン同盟」(Rheinbund)の結成である。バイエルン王国はヴュルテンベルク王国やバーデン公国とともにライン同盟の中心を構成する国家に他ならなかった。」（福吉勝男「バイエルン改革とヘーゲルの国民主権論」思想一〇〇八号〔二〇〇八年〕一〇三頁）。

(15) 三成賢次「陪審制と参審制─近代ドイツにおける司法への民衆参加─」佐藤篤士・林毅編著『司法への民衆参加─西洋における歴史的展開─』（敬文堂、一九九六年）一八九頁以下、三成賢次『法・地域・都市─近代ドイツ地方自治の歴史的展開─』（敬文堂、一九九七年）一六七〜一八二頁は、これを「ライン型陪審」と呼び、その歴史的・社会的性格を分析している。

(16) Schröder,Horst, Die Auffassungen von Paul Johann Anselm Feuerbach,Georg Wilhelm Friedrich Hegel und Eduard Gans zum Wesen und der Funktion der Geschwornengerichte,in Festschrift für John Lekschas zum 50.Geburtstag,Berlin 1975,S.1-2.

(17) Feuerbach,Kleine Schriften,S.234,S.237.

(18) いうまでもなく当時の刑事手続は、絶対主義国家（当時のバイエルンの絶対主義を取り巻く内外の情勢については、前田朗『鏡の中の刑法』〔水曜社、一九九二年〕二〇〇頁以下参照）の糺問主義が支配していた時代（本訳書第一章・訳注(13)〜(18)参照）であるが、それだけではなく、前注(14)および(15)で述べたようにナポレオン支配下のライン左岸一帯においては、フランス法（したがってフランスの陪審制も）が実施されていたのである。ライン地方ではフランス革命時にフランスに占領されていた時期にナポレオン刑事訴訟法典とともにフランス型の陪審制が導入されたが、その制度はさらにナポレオンの失脚後プロイセンへの再併合後も若干の修正を受けつつ存続していた。フォイエルバッハの原著は、まさにライン型陪審制（前掲注(15)参照）がドイツで広まろうとしていた時期に世に出たわけである。

(19) Hemma Fasoli,Zum Strafverfahrensrecht und Gefängniswesen im 19.Jahrhundert — der Jurist Ludwig von Jagemann (1805-1853), Engel Verlag 1985,S.10. ギュンター・ハーバーは、「封建的モデル」（生来の身分特権に基づく身分裁判所）、「民主主義モデル」（一七九三年一二月二二日のデクレによる構想）そして「自由主

義モデル」（一七九一年九月一六日のデクレ）の三類型によって陪審制を分析するが、一八〇八年の治罪法は「フランスの市民層とナポレオンの新絶対主義的国家観との妥協であって、自由主義モデルには限定的にしか対応していなかった」（Haber, Günter, Probleme der Strafprozeßgeschichte im Vormärz Ein Beitrag zum Rechtsdenken des aufsteigenden Bürgertum, ZStW.Bd.91 (1979), S.611-612）、という。

（20） Feuerbach,Kleine Schriften,S.230 Anmerkung ※※※.

（21） このような当時の情勢の下で、フランスの高等警察（による検閲および出版犯罪の取締り）を警戒して（vgl. Radbruch,S.101）、フォイエルバッハの原著において複雑なレトリックが用いられていることも、「一　**はじめに**」で紹介したようなフォイエルバッハに対する誤解が生じうる一因として挙げることが許されよう。この点につき、フォイエルバッハ自身が、その後一八一九年八月にその原著の執筆の意図として、「まず、ナポレオンの寵児〔である陪審制―訳者による〕だけに当たるべき一撃と同じ一撃で、必要な注意深さで制御されてナポレオン自身およびその暴力支配にも当てることができる」という「いくらか危うい思想」について述べていることに留意することが必要であろう。命知らずにもフランスの高等警察のワナに陥らないよう、「多くのことが暗示されるだけにとどまらざるをえず、またはイロニーの背後に隠されねばならなかった」というわけである。その表現の中には、ナポレオンに対する「当てこすり」と思われるものもあるのである（実際、原著の出版の際に、フォイエルバッハの友人の中には彼の身の危険を忠告した者もいたようである〔Feuerbach,Kleine Schriften, S.234-235, S.230,S.236〕）。

（22） というのも、「分立されていない政治権力の下では、陪審制が有効に栄えうるであろうような条件はほとんど発見されえない」（本訳書第二章）からである。

（23） フォイエルバッハは、非共和主義国家においては陪審裁判所の存在の意義はないという（本訳書第二章）。トクヴィルも、「陪審制はなによりも一つの政治制度であり、人民主権の一つのあり方と考えねばならぬ。人民主権を退けるならば、全面的にこれを排すべきであ〔る〕」（トクヴィル、松本訳・前掲注（5）一八六頁）として、「陪審制と君主制の対立関係」を前提にしているように思われる。

（24） Nachlaß,Bd.1,S.208.

（25） Feuerbach,Kleine Schriften,S.237.

（26） Feuerbach,Kleine Schriften,S.239.

（27） 本訳書第二章五四頁。

（28） Erich Schwinge.Anselm v.Feuerbach und die Entwicklung der deutschen Strafrechtspflege Zum 150. Geburtstag des großen Kriminalisten,Preußische Jahrbücher,Bd.202,1925,S.170.

（29） Feuerbach,Kleine Schriften,S.240.

（30） 本訳書第四章訳注（7）、第五章訳注（3）参照。

（31） チェーザレ・ベッカリーア、小谷眞男訳『犯罪と刑罰』（東京大学出版会、二〇一一年）四五～四七頁参照。

（32） 本訳書第五章参照。

（33） F.C.von Savigny, Ueber Schwurgerichte und Beweistheorie im Strafprozesse, GA, Bd.6,1858,S.477. これに対して、「日常的な悟性は、技術的な職業教育なしに、かつ専門的な職業としての司法の習熟がなくても全く十分に、有罪なりや否やに関する問題を正しく解決することができる。我々は、陪審員は一度陪審員を経験すれば、二度目にはそれだけ一層確実にその職務を遂行するだろう、とも考えない。」、「労働のみが人間を作り、技術の習熟は芸人をつくるにすぎない。」、というのが鑑定意見の立場であった（Die Gutachten,S.176,S.181）。

（34） Koch,A.,Carl Joseph Anton Mittermaier und das Schwurgericht,ZNR,22.Jg.2000,S.174-175.

（35） Ibid.S.175.

（36） 本訳書第四章訳注（10）参照。

（37）本訳書第四章訳注（10）参照。
（38）本訳書第四章訳注（10）参照。
（39）もっとも、フォイエルバッハはそこでは同時に情況証拠に対する考え方についても敷衍しているといってよいであろう（本訳書第四章訳注（10）参照）。
（40）本訳書第五章参照。
（41）本訳書第五章訳注（3）、（4）参照。
（42）Feuerbach,Kleine Schriften,S.240.
（43）Nachlaß,Bd.1,S.208. 同旨の主張は、一八一九年八月にも次のように敷衍されている（Feuerbach,Kleine Schriften,S.240-241）。

「国家の憲法が、その中にそしてそれによって国民が政治的自由の現実の所有と享受の中にあるように形成され、この自由が権力となって陪審員による国民の裁判所がこの自由の保護手段として、この自由の中に自分自身にとっても再び保護と維持を見い出すとき、陪審裁判所がその政治的関係においてその全体のより高い目的に与える長所は、単に法学的制度としての陪審裁判所の短所から生じるこの制度の短所を、大幅に凌駕し、この短所を甘受せしめるほど十分に大きい。」

いずれにしろフォイエルバッハの前提になっているのは、「〔陪審制のような〕民衆の活発な関与を当てにしている制度は、民衆の精神と意欲の中にのみその生き生きとした力を有している」のであり、「この民衆の精神とは、陪審裁判所という制度がそこからその生命力を引き出すものであり、それは立法のどのような賢明さによっても強力にされえないものである。この民衆の精神とは、全ての個人が全体の中においてのみ自分自身を実感し、国家に関するあらゆることを自分自身に関することと見做すあの公共の精神（public spirit）なのである」、という思想なのである（本訳書第二章）。同旨の思想は、ベラーズ宛の私信においても、「そもそも、この種の制度は国民の直接的な参加を当てにするものであり、決して上から創作され、国家にあたかも手練手管によって接ぎ木されるものではないのである」（Nachlaß,Bd.1,S.208）、と述べられていた。

（44） Schwinge,E.,op.cit.,S.165-174. 鑑定意見も、「重罪についての公開の手続を伴う陪審制は、市民的自由の最も確実な保証であり、かつあらゆる恣意に対する最も強力な保護手段である」（Die Gutachten,S.172）、ということは認めていた。しかしフォイエルバッハとは異なり、刑事法上の制度としても陪審制は、職業裁判官による場合よりも「事実問題を決定するための信頼できる方法である」（Die Gutachten,S.175）ことを示してきている、というのが鑑定意見の立場であった。

（45） Schwinge,E.,op.cit.,S.171.

# 初出一覧

緒　言
第一章　陪審裁判所の概念および本質について
　以上、「陪審裁判所に関する諸考察（一）」『京女法学』一号（二〇一一年）
第二章　政治制度、国家体制の一部分として考察された陪審制
　「陪審裁判所に関する諸考察（二）」『京女法学』三号（二〇一二年）
第三章　身分の平等性または同輩性について
　「陪審裁判所に関する諸考察（三）」『京女法学』一一号（二〇一七年）
第四章　純粋に刑法上の制度として考察された陪審制
第五章　事実問題の性質、弁護および裁判長の影響について
第六章　事実問題の分割と陪審制の欠陥を治癒するその他の方法について
　以上、「陪審裁判所に関する諸考察（四・完）」『京女法学』一三号（二〇一八年）
　（第三章の訳注(11)は、初出の際になかったものを今回新たに追加したもので、逆に初出の際の第六章の最後の訳注(6)は今回削除し、新しい訳注(6)と差し替えた。その他、初出の際の訳注で加筆したものは、第一章の訳注(14)および訳注(18)ならびに第四章の訳注(10)、第五章の訳注(2)および(3)である。）

〔解題〕フォイエルバッハの陪審制度論　　書下ろし

# 訳者あとがき

私にとって久しく気になっていたテーマがあった。それは、本訳書でも度々引用した故佐伯千仭博士の「フォイエルバッハと法定証拠主義の運命―一八一三年のバイエルン刑訴法の証拠法を中心として―（一）、（二）」に関わる。周知のように、佐伯先生のこの論文はついに未完のままにおわった作品である。二〇〇六年九月一日、佐伯先生の訃報に接したときに私の念頭に真っ先に浮かんだのは、その「（三・完）」をとうとう永久に読みそびれてしまったかという思いであった。「（二）」は一九七三年の作品であるから、鶴首して待つこと実に三三年。佐伯先生は「（三・完）」として何を書こうとされておられたのか。

むろん、この点でヒントがないわけではない。「（二）」の「レジメ」には、その第四章として「バイエルン刑訴法の証拠法の運命―法定証拠主義から自由心証主義への移行―」が「予定」されていたという（光藤景皎「実践の中の理論構築―佐伯博士の刑事訴訟法学―」刑法雑誌四八巻一号〔二〇〇八年〕一五六頁）。これを手掛かりとして想定されうることは、佐伯先生は「（三・完）」を準備するには、やはりフォイエルバッハの陪審制度論は避けて通れないテーマと考えておられたのではないか、ということである。陪審制の実現を目指して終生一貫して努力を続けられた佐伯先生（『陪審裁判の復活』〔第一法規、一九九六年〕、「陪審裁判の復活はどのように阻止されてきたか」立命館法学二五五号〔一九九七年〕参照）は、「（三・完）」の準備のためにそのテーマにも取り組んでおられたのではあるまいか。

その際、〔**解題**〕で紹介したようなフォイエルバッハの屈折した論理を佐伯先生ならどのように評価されたであろうか、ということは当然のことながら気になる。佐伯先生は、「刑事裁判と誤判」（ジュリスト四六九号〔一九七一年〕。後に同『刑事訴訟の理論と現実』〔有斐閣、一九七九年〕所収）で、誤判をできるだけ減少させる一方法として、「今日的意義をもつ貴重な遺産を残しているようにみえる」「古い法定証拠法の原則を想起することが有益だろう」と述べて、「フォイエルバッハの名を高からしめた一八一三年のバイエルン刑事法典の刑訴法の一部」を紹介しておられるだけに、なおさらである。というのも、そこで詳細に紹介されているのは、たとえば被告人の自白については、錯誤、強制、誘導尋問、精神錯乱の結果のそれでないことなど、厳しい七点の条件が付せられていること、あるいは証人の供述は、少なくとも二人のそれぞれが完全に信用性のある宣誓した証人が、要証事実に関して、すべての重要な事情について一致する供述をしたときは、完全な直接証拠を理由づける、など有罪と認定してはならない消極的な方向での諸規定なのである。したがって、佐伯先生が「予定」されていた「バイエルン刑訴法の証拠法の運命―法定証拠主義から自由心証主義への移行―」においては、フォイエルバッハの消極的証拠理論と陪審制との関係について突っ込んだ分析が行われたであろうことは想像に難くない。

ともあれ、本訳書第二章との関連では刑事司法への市民参加という観点から、昨今、裁判員候補者の選任期日日の出席率の低下や裁判員候補者の辞退率の上昇等、裁判員制度の陰りとも思われる現象が垣間見える点が気掛かりである。この点につき、現在の民主主義の危機の最大の原因は企業の経済活動の自由が過度に認められた結果、経済的不平等が政治的資源の不平等となって、深刻な影響を政治に及ぼすに至っているというダールの分析〔杉田敦「リベラル・デモクラシーのディレンマ―R・ダールをめぐって―」思想八六七号〔一九九六年〕一三七頁参照〕が重要であろう。右のような観点からも、格差と貧困の克服が焦眉の課題であることを示唆するものだからである。いずれにせよ、これらの諸点は紙幅に制限があり〔**解題**〕では踏み込んだ分析はできなかった。裁判員制度一〇周年を記念する節目の年に世に出ることになった本訳書を足掛かりとして、今後その課題に取り組む所存である〔「フォイエルバッハの陪審制度論と裁判員制度」京女法学一六号〔二〇一九年〕掲載予定〕。

なお、原文中、フランス語文献に関しては、京都女子大学法学部の的場朝子准教授の御教示を得た。この機会に厚く御礼を申し上げなければならない。

二〇一九年一月吉日

福井　厚

## ●著者紹介●

**パウル・ヨハン・アンゼルム・フォイエルバッハ　Paul Johann Anselm Feuerbach**

1775年生れ。心理強制説に基づいて刑法学において罪刑法定主義を確立したことで有名である。1813年10月1日に施行されたバイエルン刑法典の草案の起草者でもある。1833年没。

著作の代表的なものとして、刑法の分野では、『実定刑法の原則および基本概念の省察』1～2巻（1799～1800年）、『ドイツ刑法教科書』第1版（1801年）、刑事訴訟法の分野では、陪審制度論のほか、2巻の大著がある。

彼の四男が唯物論の哲学者として有名なルートヴィッヒ・フォイエルバッハである。

［翻訳・解題］

**福井 厚**（ふくい・あつし）

1942年生れ。1966年3月京都大学法学部卒業。岡山大学助手、法政大学法科大学院教授等を経て、2012～2018年京都女子大学法学部教授。2018年3月、同大学を定年で退職。京都女子大学名誉教授。

主な著作として、ゲラルト・グリュンヴァルト（福井厚監訳）『ドイツ刑事証拠法』（成文堂、1999年）、『刑事訴訟法学入門〔第3版〕』（成文堂、2002年）、編著『未決拘禁改革の課題と展望』（日本評論社、2009年）、『刑事訴訟法講義〔第5版〕』（法律文化社、2012年）、『刑事訴訟法〔第7版〕』（有斐閣、2012年）、編著『死刑と向きあう裁判員のために』（現代人文社、増補版、2012年）、オットー・キルヒハイマー著「政治と司法」研究会訳（共訳者）「政治司法」龍谷法学51巻3号（2019年）等。

陪審制度論《ばいしんせいどろん》
2019年3月25日　第1版第1刷発行

著　者――パウル・ヨハン・アンゼルム・フォイエルバッハ
訳　者――福井　厚
発行所――株式会社　日本評論社
〒170-8474　東京都豊島区南大塚3-12-4
電話　03-3987-8621（販売：FAX－8590）
03-3987-8631（編集）
https://www.nippyo.co.jp/　振替　00100-3-16
印刷所――精興社
製本所――難波製本
装　丁――図工ファイブ
ＤＴＰ――ギンゾウ工房

JCOPY ＜(社)出版者著作権管理機構 委託出版物＞
本書の無断複写は著作権法上での例外を除き禁じられています。複写される場合は、そのつど事前に、(社)出版者著作権管理機構（電話03-5244-5088、FAX03-5244-5089、e-mail: info@jcopy.or.jp）の許諾を得てください。また、本書を代行業者等の第三者に依頼してスキャニング等の行為によりデジタル化することは、個人の家庭内の利用であっても、一切認められておりません。

検印省略　©2019 Atsushi Fukui
ISBN 978-4-535-52409-5　Printed in Japan